Cântico dos cânticos

Cântico dos cânticos

O divino romance entre Deus e o homem

Watchman Nee

Editora Vida
Rua Conde de Sarzedas, 246 – Liberdade
CEP 01512-070 – São Paulo, SP
Tel.: 0 xx 11 2618 7000
atendimento@editoravida.com.br
www.editoravida.com.br

©1965, Watchman Nee,
by Christian Literature Crusade
Originalmente publicado na Inglaterra
com o título *Song of songs*
Copyright da edição brasileira ©2020, Editora Vida
Edição publicada com permissão da CLC Ministries
International (Fort Washington, PA 19034, EUA)

■

*Todos os direitos desta obra reservados
por Editora Vida.*

Proibida a reprodução por quaisquer
meios, salvo em breves citações,
com indicação da fonte.

Todos os grifos são do autor.

■

Scripture quotations taken from Bíblia Sagrada,
Nova Versão Internacional, NVI®.
Copyright © 1993, 2000, 2011 Biblica Inc.
Used by permission.
All rights reserved worldwide.
Edição publicada por Editora Vida,
salvo indicação em contrário.

Editor responsável: Gisele Romão da Cruz
Tradução: Jurandy Bravo
Revisão de tradução: Josemar de Souza Pinto
Revisão de provas: Lettera Editorial
Projeto gráfico e diagramação: Claudia Fatel Lino
Capa: Arte Vida

Todas as citações bíblicas e de terceiros foram
adaptadas segundo o Acordo Ortográfico da
Língua Portuguesa, assinado em 1990,
em vigor desde janeiro de 2009.

1. edição: mar. 2020

Dados Internacionais de Catalogação na Publicação (CIP)
(Câmara Brasileira do Livro, SP, Brasil)

Nee, Watchman
    Cântico dos Cânticos : o divino romance entre Deus e o homem / Watchman Nee ; [tradução Jurandy Bravo]. -- São Paulo : Editora Vida, 2020.

    Título original: *Song of songs*.
    ISBN 978-85-383-0412-8

    1. Bíblia. A.T. Cântico dos Cânticos - Comentários 2. Deus - Amor 3. Vida cristã - Ensino bíblico I. Título.

19-31829   CDD-223.907

Índices para catálogo sistemático:
1. Cântico dos Cânticos : Livros poéticos : Bíblia :
Antigo Testamento : Comentários 223.907
Maria Paula C. Riyuzo - Bibliotecária - CRB-8/7639

Sumário

Prefácio 7

Nota do tradutor 9

Introdução 13

Cântico dos Cânticos

Parte 1 (1.2-2.7) — Amor inicial 21

Parte 2 (2.8-3.5) — Amor vacilante 59

Parte 3 (3.6-5.1) — Amor crescente 91

Parte 4 (5.2-7.13) — Amor transformador 141

Parte 5 (8.1-14) — Amor maduro 209

Prefácio

Somos gratos a Deus porque, mesmo no mundo de hoje, há crentes que, atraídos pelo meigo amor de Cristo, almejam segui-lo fervorosamente. É por causa disso que "Cântico dos Cânticos" tem um ministério especial.

A comunhão espiritual com o Senhor no lugar secreto e oculto do coração é algo muito sagrado e aparentemente deveria ser lacrado. Contudo, em "Cântico dos Cânticos" de Salomão, o próprio Deus nos expôs, por meio de sua revelação, a plenitude dessa doce e santa comunhão, para nos levar a conhecer os caminhos do amor e, ao mesmo tempo, nos desafiar a andar neles.

Este comentário é uma mistura de anotações registradas por um irmão quando o sr. Watchman Nee se encontrou com vários colaboradores durante seu período de estudo bíblico. Tendo em mente a necessidade da atual geração de crentes, este volume foi publicado pela primeira vez em Chungking, China, em 1945, e posteriormente em Tsingtao em 1948. E agora está sendo reimpresso em Taipé, Taiwan. No entanto, é necessário que todos entendam e reconheçam claramente que o manuscrito não foi revisado nem corrigido pelo sr. Nee.

Que Deus use a mensagem do livro para influenciar e ajudar aqueles que verdadeiramente têm sede do Senhor.

Taiwan Gospel Bookroom
Janeiro de 1954

Nota do tradutor[1]

O "Cântico dos Cânticos" sempre pareceu ser um livro misterioso para muita gente. Alguns acham estranho ele ter sido aceito no cânon da Escritura. Mas as pessoas espiritualmente maduras sempre o consideraram como o centro das Sagradas Escrituras. A responsabilidade de apresentar este comentário ao povo do Senhor aflorou em mim em razão da riqueza que o Cântico contém em sua interpretação tipológica e em razão do desafio que vem aumentando contra essa exposição.

O "Cântico dos Cânticos" possui tanto base histórica quanto conteúdo espiritual. O conteúdo espiritual apoia-se no fato de que se trata de uma descrição alegórica da união conjugal entre Cristo e sua Igreja. O sr. Nee prefere pensar na noiva sulamita em termos de uma pessoa que crê em Deus, não da Igreja como um todo, porque nem todos os que pertencem ao Senhor sentem o desejo de compreender melhor as paixões totalmente espirituais. Isso confere à palavra "noiva" um significado além do simples nome técnico, uma vez que expressa a ideia de pleno crescimento e maturidade. Uma noiva não é um bebê, e o amor de uma noiva não é o amor de um bebê.

Uma teoria que nunca foi muito aceita está recebendo atenção cada vez maior nestes dias. Ela dá a entender que

---

[1] Trata-se da tradução do original para o inglês. [N. do E.]

CÂNTICO DOS CÂNTICOS

o relacionamento amoroso ocorre entre um jovem pastor anônimo e uma donzela sulamita, e que o rei Salomão procura romper essa união e, portanto, é um símbolo do mundo que tenta seduzir a donzela, mas ela se mostra fiel a seu amado pastor.

Lamento profundamente ver essa ideia do triângulo amoroso incluída em uma tradução tão influente das Escrituras como a *Bíblia Ampliada*. Isso parece abominável, porque dá a essa teoria moderna uma demonstração de autenticidade. O dr. Sidlow Baxter, em sua série *Explore the Book* [Examinai as Escrituras], considera essa interpretação tão artificial e distorcida que deveria ser imediatamente desacreditada. Concordamos com o dr. Baxter.

O sr. Watchman Nee esteve na prisão por quase quinze anos durante o regime comunista perseguidor da China. Não há, portanto, como saber se houve algum comentarista a quem o sr. Nee deveria agradecer por tê-lo ajudado. Tenho, porém, plena certeza de que ele teve a seu lado aquela excelente obra do sr. C. A. Coates, da Assembleia dos Irmãos.

A sra. Elizabeth K. Mei, bacharel em artes — ex-supervisora de enfermagem da saúde pública na China, e esposa do falecido médico e doutor em filosofia Elim Y. L. Mei, ex-cirurgião-geral auxiliar da China nacionalista — foi minha parceira na tradução deste livro. Essa talentosa senhora chinesa fez uma tradução exata e literal das palavras do texto, ao passo que eu fiz uma tradução muito mais livre. Misturei, então, as duas traduções na edição atual, de leitura mais compreensível; devo, portanto, assumir total responsabilidade por este trabalho final.

Nota do tradutor

Os tradutores gostariam de deixar claro que o trabalho está sendo apresentado unicamente como uma interpretação edificante, assim acreditamos, e correta dessa parte mais sacra e instrutiva das Sagradas Escrituras. Uma vez que o sr. Nee se encontra na prisão, não temos meios de consultá-lo a respeito do lançamento deste trabalho. Mas acreditamos que existe algo aqui que deveria ser compartilhado com o povo do Senhor que fala a língua inglesa, a fim de reviver as paixões espirituais nestes dias de triste decadência. Com esse único motivo apresentamos este trabalho.

Que o Senhor, por esta doce Palavra de seu Espírito, estimule muitos crentes a se sentirem insatisfeitos com uma simples união legal com o Senhor Jesus. Que ele desperte em todos nós, que somos seu povo, a sede de buscar as paixões plenas e maduras aqui descritas, as únicas que podem satisfazer o coração dele e preparar-nos melhor para seu breve aparecimento.

DANIEL SMITH
1965

Introdução

O primeiro versículo do capítulo 1 apresenta o título do livro: "Cântico dos Cânticos de Salomão". O Cântico fala de Salomão, e nós fomos feitos para considerá-lo um rei soberano em grande glória. Desse modo, ele é apresentado diante de nós como um tipo do Senhor Jesus Cristo em toda a vida triunfante de sua ressurreição e ascensão. Quando Davi matou Golias e venceu aquele grande inimigo, sua vitória foi um dedo apontando para a vitória de Cristo na cruz sobre todo o poder do mal.

Salomão, ao receber os frutos da vitória de Davi, subiu ao trono como rei da paz, apontando claramente para o Senhor Jesus, sentado no poder e autoridade de seu trono no céu. O Cântico dos Cânticos mostra, então, o Senhor Jesus na capacidade e autoridade representadas pelo rei Salomão. A comunhão real, para a qual somos direcionados, e que está tipificada pela donzela sulamita (6.13), encontra-se nessa região exaltada onde nosso Senhor, em seu trono e em seu reino de paz, é tão bem prefigurado por esse poderoso monarca.

Aqui, portanto, entramos em uma região na qual a batalha contra o inimigo já está ganha. A paz reina, e Salomão é um rei que recebe glória. Assim o livro começa e permite que contemplemos nosso grandioso Senhor. Nosso relacionamento com ele, apresentado aqui em figura simbólica, não é o mesmo de Jônatas com Davi, mas da donzela sulamita com o rei Salomão. Jônatas amou Davi por causa da vitória verdadeira de Davi sobre o poderoso Golias, mas a Sulamita amou Salomão apenas pelo que ele era.

Vemos que há alguns crentes que amam o Senhor Jesus Cristo simplesmente por causa da grande vitória que ele conquistou na cruz sobre os poderes do mal. Há outros, contudo, que sentem grande respeito por ele, não apenas pela luta e vitória na cruz, mas também por tudo o que ele é agora em sua vida glorificada no céu. A cruz representa a batalha do Senhor para estabelecer sua autoridade como Rei, ao passo que sua vida no céu o mostra como triunfante e soberano. No início, a rainha de Sabá somente *ouviu falar* dos grandes feitos de Salomão. Mais tarde ela *viu* o próprio Salomão em seu trono, e dali em diante toda a sua atração foi dirigida ao rei.

Da mesma forma, os crentes não devem amar o Senhor Jesus simplesmente como Jônatas amou Davi pelas vitórias sobre os inimigos, mas como a Sulamita amou Salomão pelos méritos dele. A proposta deste livro, portanto, é levar-nos a conhecer o Senhor Jesus como Rei soberano e estar a seu lado como objeto de sua suprema afeição.

A experiência da donzela sulamita não representa a experiência do corpo coletivo de crentes, mas, sim, a de cada pessoa. *Mulher* na Escritura tipifica uma fase de experiência subjetiva, e os anseios da donzela indicam um exercício do espírito de um só crente, não aquele da Igreja em sua totalidade. Descreve o começo de buscas mais profundas pelo Senhor até que esses anseios alcancem a mais completa comunhão com ele. O centro mais profundo do livro, ou

Introdução

seja, o coração do livro, fala de comunhão espiritual. É um livro para o coração. Não é necessário, portanto, investigar em quantas partes ele pode ser dividido. A história que ele registra corre como um raio de luz e movimenta-se continuamente. Não se trata de um registro de frases desnecessárias e trechos extraídos fortuitamente de histórias daqui e dali. Sua ênfase concentra-se nas fases progressivas dos passos do crente em direção ao Senhor. Inclui a experiência de uma vida inteira e sobe por muitos degraus e etapas. O objetivo fundamental é aquele sobre o qual madame Guyon escreveu em *Spiritual Torrents* [Torrentes espirituais] e a sra. Jessie Penn-Lewis, em seu livro *Four Planes of Spiritual Life* [Os quatro planos da vida espiritual].[1] Todos esses possuem uma natureza semelhante.

O livro é dirigido àqueles que já estão regenerados pelo Espírito de Deus e àqueles que despertaram para os anseios de uma experiência mais completa com Cristo. Não há nenhuma menção a assuntos relativos à salvação. A ênfase não recai sobre assuntos referentes ao pecador, mas sobre o progresso do crente. Não é dirigido aos que estão distantes de Cristo, mas ao povo de Deus. Consequentemente, não há instruções sobre como alguém pode ser salvo, mas o livro fala dos anseios do crente por experiências mais profundas com o Senhor. Não fala de fé, mas de amor. O amor flutua como uma bandeira acima de todo o Cântico. Portanto, a "Bandeira do Amor" pode muito bem ser o nosso estandarte.

---

[1] Há um resumo disponível de *Spiritual Torrents* e *Four Planes of Spiritual Life* dentro do livro *Life Out of Death*, de Jessie Penn-Lewis, publicado por CLC Publications, Fort Washington, Pa, 19034.

Este é um livro de poesia. Ele faz uso da linguagem floreada, do ritmo e das frases peculiares à expressão poética para descrever eventos espirituais. Em muitos casos, a atenção é dirigida apenas ao conceito mental, não a um simples enunciado de palavras. No campo da devoção pura, há, necessariamente, uma limitação nas palavras.

O Cântico dos Cânticos e o evangelho de Mateus relatam dois aspectos diferentes do relacionamento de Jesus com o crente. Em termos de responsabilidade, o relacionamento é o do soberano com o súdito. Essa é a ideia apresentada por Mateus em seu Evangelho. Em termos de comunhão, o relacionamento é o do marido com a esposa. Essa é a ideia apresentada no Cântico de Salomão.

Finalmente, eu gostaria de explicar alguns princípios de exegese. Primeiro, a exposição de cada parágrafo precisa ter conexão com o tema central do livro, que neste caso é história espiritual. Segundo, o significado de cada frase deve, por um lado, concordar com o contexto e, por outro, estar totalmente associado ao tema central. Terceiro, quando explicou as parábolas no capítulo 13 de Mateus, nosso Senhor apresentou um comentário detalhado sobre algumas partes, mas não apresentou nenhum sobre outras. Pelo fato de ser uma alegoria, esse livro deve ser tratado como tal. Nem todas as partes exigem comentário igual. Quarto, ao investigar a terminologia dos nomes, devemos antes de tudo encontrar o significado intrínseco de cada palavra e depois buscar mais informações na história bíblica. Quinto, quando fala do Amado e da Amada, o livro baseia-se constantemente em muitas outras coisas como analogias. As características principais são todas figuradas, ao passo que as parábolas

Introdução

são todas simbólicas. As figuras de linguagem são rapidamente entendidas, mas o significado do simbolismo só pode ser entendido de acordo com o método bíblico e o ensinamento divino. A natureza da linguagem figurada e do simbolismo é quase sempre coincidente, mas às vezes varia um pouco e, em outras, o significado difere totalmente.

Contudo, não precisamos nos preocupar com essas diferenças. Precisamos apenas perguntar: para onde a passagem aponta? Quase sempre, o simbolismo expressa o que a figura de linguagem jamais consegue descrever. Por exemplo, em Apocalipse 1.15: "Seus pés eram como o bronze". É um simbolismo — repleto de significado, porém não entendido facilmente como apenas "seus pés", porque qualquer um sabe que se trata de uma figura de linguagem de movimento para a frente. Assim, precisamos estabelecer uma diferença entre linguagem figurada e linguagem simbólica.

Cântico dos Cânticos

O TÍTULO (1.1)

"Cântico dos Cânticos de Salomão."

Salomão compôs 1005 cânticos (v. 1Reis 4.32). De todos os seus cânticos, esse é sem dúvida o que mais se destaca e, consequentemente, expresso como "Cântico dos Cânticos". O lugar mais sagrado do Tabernáculo é chamado "Lugar Santíssimo". Seguindo a mesma linha, o Senhor Jesus é chamado "Rei dos reis e Senhor dos senhores". E, de modo semelhante, esse é o Cântico dos Cânticos.

O livro de Eclesiastes, que o precede, é uma exposição de "inutilidades",[1] ao passo que esse, em contraste, é o "Cântico dos Cânticos". O Cântico de Salomão é, portanto, a antítese do que está representado em Eclesiastes. Eclesiastes fala de uma vida *de* perambulação; o Cântico fala do que resta *da* perambulação. Eclesiastes diz que não se pode ter satisfação apenas por meio do conhecimento; o Cântico diz que o homem pode alcançar satisfação apenas por meio do amor.

Repetindo, Eclesiastes relata a busca por todas as coisas debaixo do sol; o Cântico relata especificamente a busca

---

[1] Ou "vaidade de vaidades" (*Bíblia King James*). [N. do T.]

pelas coisas em Cristo. Em Eclesiastes aprendemos que procuramos coisas erradas, e que as procuramos de modo errado, o que resulta na convicção de que tudo debaixo do sol é "inutilidade". Aquilo, porém, que se busca no Cântico dos Cânticos é a coisa certa e da maneira certa; portanto, o resultado é a suprema felicidade.

Parte 1 (1:2-2:7)

Amor inicial

Essa parte do Cântico é o pivô em torno do qual o Cântico inteiro gira. Os princípios para desenvolver vida e experiência espirituais estão aqui contidos, e essa parte pode ser considerada como padrão. As lições seguintes não são novas, mas vão se aprofundando cada vez mais. Toda a experiência espiritual nessa parte é suave e sem preocupações. No entanto, o primeiro oferecimento do coração e a primeira revelação de tais coisas não são de maneira alguma totalmente seguros. Necessitam passar pela prova de fogo para se fortalecerem. Essa primeira parte é apenas uma imagem da experiência espiritual; depois, tudo precisa ser provado para transformá-la em realidade.

As primeiras experiências não são profundas o suficiente. Posteriormente os níveis de experiência com Cristo provarão ser muito mais avançados e muito mais seguros. Pode-se dizer que as experiências contidas nessa seção se assemelham à expressão "o Caminho de Luz" que madame Guyon usa em *Spiritual Torrents* e ao que sra. Penn-Lewis se refere em *Four Planes of Spiritual Life*. Cada crente pode confirmar essas lições em sua vida espiritual.

CÂNTICO DOS CÂNTICOS

ANSEIOS INTENSOS (1.2,3)

Ah, se ele me beijasse,
  se a sua boca me cobrisse de beijos...
Sim, as suas carícias são mais agradáveis
  que o vinho.
A fragrância dos seus perfumes é suave;
  o seu nome é como perfume derramado.
Não é à toa que as jovens o amam! (v. 2,3)

O beijo desejado no versículo 2 não é o beijo do pai no pescoço do filho pródigo arrependido, que representa perdão — um beijo que todos os que pertencem ao Senhor já experimentaram.

A ênfase nesse livro é o relacionamento de amor entre o crente e o Senhor. O perdão inicial de pecados é, portanto, fato consumado. Esse livro não explica como a pessoa é transferida do lugar de pecadora para o lugar de temente a Deus. Ao contrário, explica como o crente é conduzido de uma posição de intensa necessidade a um lugar de completa satisfação. Se prestarmos atenção a isso, entenderemos por que o livro começa assim.

Não podemos dizer quanto tempo se passa entre o momento em que o crente recebe do Senhor uma nova vida e o momento em que começa a sentir anseios de doses maiores do relacionamento de amor. Mas sabemos que esses anseios surgem nos redimidos depois que o Espírito Santo os desperta para a vida. A seguir, inicia-se uma agitação interior que se expressa em pensamentos de buscar Cristo para sentir seu amor de modo mais perceptivo e satisfatório.

Amor inicial

À medida que o coração da donzela se enche de tais desejos, estas palavras escapam inconscientemente de seus lábios: "Ah, se ele me beijasse, se a sua boca me cobrisse de beijos". A donzela não está revelando aos outros a quem ela se refere, mas nos olhos de sua mente há apenas um que ela conhece, isto é, aquele por quem busca ardentemente. Seu antigo relacionamento com o Senhor era um relacionamento comum, que lhe parecia totalmente insatisfatório. Agora ela deseja um relacionamento mais íntimo e pessoal. Ela anseia, portanto, por seus beijos, que mostrariam o amor ardente e pessoal que ele sente por ela.

Ninguém pode beijar duas pessoas ao mesmo tempo; portanto, trata-se de um assunto de caráter pessoal. Além do mais, esse não é um tipo de beijo no rosto como o de Judas Iscariotes nem de beijo nos pés como o de Maria, mas o beijo de "sua boca" que expressava um amor muito pessoal e íntimo. Assim, nesse estágio a donzela confessa que o relacionamento comum ou elementar não pode mais satisfazer seu coração e que ela suplica por aquela expressão direta do coração dele por ela, algo que ninguém mais possui — em outras palavras, ela quer dar um passo muito maior que o do crente comum.

Isso marca o ponto de partida do verdadeiro progresso espiritual. É um anseio espiritual interno pelo próprio Senhor. A conscientização suprema de seu amor e essa busca do coração com seus desejos ardentes são eternamente inseparáveis. Se o crente não possuir essa realidade de buscar o espírito criado dentro dele pelo Espírito Santo — essa insatisfação com o comum e essa busca ardente pelo amor pleno e final —, será completamente impossível ter um relacionamento íntimo com o Senhor. Tais extravasamentos de desejo ardente formam a base de toda a experiência mais completa e futura. Se não houver essa fome e essa sede no coração, tudo o que está registrado aqui não passará de uma canção poética e deixará de ser para você o "Cântico dos Cânticos de Salomão". Você não entenderá o que Salomão quer dizer com seu cântico.

Como é possível, podemos perguntar, alguém ser capaz de ter um anseio espiritual tão intenso pelo Senhor Jesus Cristo? A resposta encontra-se na visão espiritual. O Espírito Santo é evidentemente capaz de proporcionar visão a algumas pessoas, visão essa que ele não pode dar ao crente comum. Para alguns, a revelação é concedida pela gloriosa pessoa do Senhor Jesus por meio da qual eles percebem que "o seu amor [é celebrado] mais do que o vinho". Por causa dessa revelação da glória de Cristo, essas almas anseiam por beijos. "Ah [...] se sua boca me cobrisse de beijos".

Verdadeira de fato é a linguagem do coração dessa donzela: "Teu amor, Senhor Jesus, é melhor que todo o vinho da terra — o produto mais doce e mais primoroso que o mundo pode obter. O Espírito Santo mostrou-me que tudo o que faz um homem feliz, ou que inebria, ou que causa grande alegria aos sentimentos carnais, não se compara ao teu amor. As coisas sob o sol que os homens mais valorizam não oferecem nenhuma comparação com teu amor. Eu vi e sei. O que existe debaixo do sol, então, capaz de igualar-se ao teu amor?".

"A fragrância dos seus perfumes é suave" (v. 3a)[1]. O Senhor Jesus Cristo é o Ungido. O Senhor Deus, mediante

---

[1] "Por causa do sabor dos teus bons unguentos" (*Bíblia King James*). [N. do E.]

Amor inicial

o Espírito Santo, concedeu essa unção sobre ele. Do Espírito de Deus, ele recebeu todo tipo de preciosa fragrância. Consequentemente, não apenas Deus, o Pai, exala a doce fragrância de sua vida santa, mas também a Amada sente o bom aroma. Não se trata de algo que ela ouviu aqui ou viu ali, mas de certa forma, de um modo muito além da descrição por palavras, ela passou a reconhecer o valor da beleza e fragrância dos bons perfumes do Senhor Jesus, aos quais ela se refere como graças humanas de sua vida divina.

"O seu nome é como perfume derramado" (v. 3b). Ao mesmo tempo, ele tem um nome tão doce que atrai a donzela para si — "Jesus", que significa Jeová, o Salvador. Esse nome perfumado está associado às vindas de Deus no meio dos homens — "Emanuel, que significa Deus conosco".[2] O doce perfume desse precioso nome foi *derramado* e, ao pensar nisso, nós o relacionamos imediatamente com a morte de nosso Senhor. Sim! O perfume foi verdadeiramente derramado, e sentimos a fragrância de seu amor sacrificial. Esse nome Jesus é, portanto, verdadeiramente precioso, mas quem pode imaginar ou medir a fragrância nele contida?

"Não é à toa que as jovens o amam!" (v. 3c). Por causa de quem ele é (o doce perfume) e por causa de seu precioso *nome* (o doce perfume derramado em amor sacrificial), "as jovens o amam". O motivo de tal amor é, antes de tudo, por causa de quem ele é em sua pessoa e também por causa de tudo o que é representado em seu nome. Não se pode amar simplesmente o serviço, nem mesmo o poder impessoal. Pode-se amar somente uma pessoa com personalidade

---

[2] Mateus 1.23. [N. do T.]

viva, e aqui o Senhor é essa pessoa. A donzela ama-o como ele é e sente-se atraída por ele em virtude da grandeza de sua pessoa e do valor de seu nome. Quando ele esteve aqui na terra, os homens não sentiram muito aquela doce fragrância, mas desde sua ascensão ao trono há pessoas que sentiram o suficiente para amá-lo com reverência. Assim, a revelação da gloriosa pessoa do Senhor Jesus não é apenas aquilo que faz o *louvor* brotar, mas aquilo que inspira os homens a *amá-lo* de verdade.

"As jovens" simbolizam "os escondidos" (Salmos 83.3, *Bíblia King James*). As expressões são sinônimas. As jovens são as companheiras da noiva. São igualmente castas e igualmente buscam o Senhor. Andando nesse caminho espiritual, então essa amada donzela não está de forma alguma sozinha. Na verdade, ela é simplesmente uma entre muitas jovens.

Desejos ardentes (1.4b)

Leve-me com você! Vamos depressa! (v. 4a)

Embora tenham desejos ardentes e sejam estimulados a buscar o Senhor, os crentes não podem ao mesmo tempo deixar de tornar-se conscientes de uma medida inadequada de força para essa busca árdua. O poder para buscar o Senhor não é apenas o poder concedido pelo Espírito Santo e depositado dentro de nós para capacitar-nos a buscá-lo. Não é apenas isso. Ao contrário, é uma revelação do Senhor Jesus concedida pelo Espírito Santo como se estivesse fora e além de nós e, dessa forma, atraindo-nos a ele por sua beleza e glória majestosa. O poder de atração da pessoa do

Amor inicial

Senhor Jesus produz o poder de busca em nós. Se o Senhor nos atrai pela revelação dele próprio mediante seu Espírito, então a busca por ele é relativamente fácil.

Se o Senhor atrai, então "vamos depressa" atrás dele. *Ir depressa* atrás dele significa um desejo contínuo. É o poder de atração do próprio Senhor que, por si só, cria o poder contínuo de buscá-lo — e depressa. Isso é algo que precisamos aprender e entender. Nenhum homem, por vontade própria, é capaz de buscar a presença completa do Senhor da glória e entrar nela. Quando ainda éramos pecadores, precisávamos da direção do Espírito Santo, e somente com sua ajuda fomos capazes de nos aproximar do Senhor. Da mesma forma, depois que nos tornamos crentes, precisamos ainda dessa mesma ajuda para buscar o Senhor com desejo contínuo.

Vemos aqui também o relacionamento de um crente com todos os outros crentes. *Eu* é que sou atraído ("leve--me"), mas somos nós que vamos depressa atrás dele. *Eu* é que estou sendo conduzido aos "seus aposentos", mas somos *nós* que "estamos alegres e felizes". Sempre que o crente recebe graça da presença do Senhor individualmente, os outros crentes recebem influências favoráveis.

COMUNHÃO ÍNTIMA (1.4b)

Leve-me o rei para os seus aposentos!
Estamos alegres e felizes por sua causa;
celebraremos o seu amor
   mais do que o vinho.
Com toda a razão você é amado. (v. 4b)

CÂNTICO DOS CÂNTICOS

O fato de o Rei levá-la para os seus aposentos foi a resposta à oração da donzela a fim de que ele a atraísse para mais perto de si. A expressão "seus aposentos" significa seu lugar secreto, como em Salmos 91.1. É sinônima do aposento de um convidado ou do aposento nupcial e, desse modo, expressa um lugar de proximidade íntima. Sem nenhum relacionamento afetivo, certamente ninguém jamais conduziria outra pessoa a um aposento tão interior. Portanto, ao levar a Amada ao seu lugar secreto, o Rei está assinalando o começo de uma comunhão íntima com ela e de revelação especial dele com ela. Nesse aposento nupcial ela experimentaria, sem dúvida, uma comunhão jamais conhecida e, incidentalmente, veria coisas que jamais vira.

Aqui, o uso da palavra "Rei" mostra que, antes de passarmos a reconhecer o Senhor como o noivo amado de nossa alma, precisamos reconhecê-lo como Rei soberano. A dedicação completa aos seus preceitos e autoridade sempre precede uma vida de amor e devoção íntimos. A experiência de plena satisfação nas afeições espirituais segue-se inevitavelmente como consequência do passo de dedicação completa e comprometimento total. O que vemos aqui é que o Rei leva a donzela ao seu lugar mais secreto com base no fato de que ela reconhece plenamente sua soberania e autoridade. Por conseguinte, o Rei prossegue dando a ela a experiência privilegiada dos aposentos interiores.

Com expectativa, portanto, os crentes representados pela donzela podem erguer a cabeça maravilhados, enquanto o futuro se desenrola diante deles. Eles sabem que o caminho do futuro é ilimitado. Assim que a experiência dos aposentos interiores começa, há uma onda de satisfação diante

Amor inicial

da ideia de uma vida de amor com o Rei, que é também o Noivo Amado. Eles sabem muito bem que Deus aperfeiçoará o que começou a fazer neles. Portanto, dizem: "Estamos alegres e felizes por sua causa; celebraremos o seu amor mais do que o vinho". Essas palavras só poderão ser totalmente compreendidas em um tempo muito além do presente, mas, por terem tido a experiência do presente, esses crentes estão agora cheios de esperança pelo tempo que virá.

"Com toda a razão você é amado."[3] Uma tradução melhor do original seria: "Em retidão eles te amam", isto é, eles te amam sem motivos mistos. A ideia é que o amor dos crentes por ele deriva de um coração puro e de uma boa consciência, como diz 1Timóteo 1.5: "O objeto desta instrução é o amor que procede de um coração puro, de uma boa consciência e de uma fé sincera". É o amor justo e reto.

O APOSENTO INTERIOR (1.5-7)

> Estou escura, mas sou bela,
>   ó mulheres de Jerusalém;
> escura como as tendas de Quedar,
>   bela como as cortinas de Salomão. (v. 5)

Ora, a que classe de pessoas a expressão "mulheres de Jerusalém"[4] se refere? Esse é um livro em forma de cântico poético de experiência espiritual e celestial, portanto a Jerusalém aqui mencionada certamente não se refere de modo algum à cidade terrena, mas à Jerusalém celestial. Essas

---

[3] Ou "os retos te amam" (*Bíblia King James*). [N. do E.]
[4] Ou "filhas de Jerusalém" (*Bíblia King James*). [N. do E.]

CÂNTICO DOS CÂNTICOS

mulheres estão dentro da esfera da Jerusalém celestial, cujo significado é o sistema da graça. Elas precisam, portanto, representar os que são salvos e os que amam o Senhor Jesus Cristo. O fato de serem tratadas como "filhas" indica definitivamente que elas são nascidas de Deus.

Parece, contudo, faltar-lhes o desejo daquela busca ardente por Cristo que se encontra na donzela sulamita. Elas representam um companheirismo indiferente, obscuro e fortuito. O sr. Hudson Taylor observou certa vez: "Na aparência, são salvos — mas apenas salvos, só isso". São o povo do Senhor, porém não possuem a intensidade e o calor das verdadeiras e completas afeições de uma noiva.

"Estou escura, mas sou bela." A primeira reação da donzela ao ser levada para dentro do aposento interior foi a conscientização de sua cor de nascença. Sem aquela busca e procura ardentes por Jesus Cristo, não teria havido nenhuma possibilidade de ela ver algum aspecto de sua verdadeira natureza. Agora ela se vê como realmente é. Essa conscientização da cor da pele é, talvez, seu primeiro entendimento de que tal condição lhe pertence por natureza. Ela pode ter cometido pecados no passado, mas essa é uma revelação da natureza pecaminosa. A cor escura da pele não significa que a donzela sofreu alguma mudança para adquiri-la, mas, sim, uma constatação de sua cor original. É o que todos nós somos em Adão. Ao mesmo tempo, ela percebe a mudança embelezadora produzida nela por meio da justiça de Cristo. Consequentemente, ao dirigir-se às mulheres de Jerusalém, que representam as que não possuem a mesma inteligência espiritual e afeições íntimas como as dela, a donzela descreve sua própria condição com estas palavras:

"Estou escura, mas sou bela" — escura por natureza, mas bela em Cristo. Essa beleza significa a aceitação do Amado e o efeito transformador da graça em sua vida.

"Como as tendas de Quedar [...] como as cortinas de Salomão." "Quedar" significa "um aposento ou quarto escuro", portanto "as tendas de Quedar" indicam para ela uma aparência exterior escura e feia — sua aparência natural. "As cortinas de Salomão" eram provavelmente feitas de linho fino e apontam para a justiça de Cristo. Apocalipse 19.8 fala da justiça de Cristo realizada nos atos justos dos santos: "[...] linho fino, brilhante e puro. O linho fino são os atos justos dos santos". É a justiça produzida nos santos por meio da obra do Espírito Santo dentro deles. As cortinas certamente referem-se às cortinas do templo santo e simbolizam a beleza interior criada pela presença do próprio Senhor.

> Não fiquem me olhando assim
> porque estou escura;
> foi o sol que me queimou a pele.
> Os filhos de minha mãe
> zangaram-se comigo
> e fizeram-me tomar conta das vinhas;
> da minha própria vinha, porém,
> não pude cuidar. (v. 6)

"Queimou" está no pretérito perfeito, o que representa o ato como fato consumado. "Foi o sol que me queimou a pele." Por causa da luz do Senhor no aposento interior, ela já viu que sua pele é mais escura por natureza e, portanto, não quer que outros crentes vejam isso.

"Não fiquem me olhando assim." Trata-se de uma atitude muito comum à vida cristã no início. Não queremos que nossa vida natural seja totalmente exposta. Antes da ação do Espírito Santo em sua vida, os crentes imaturos tendem a esconder-se dos outros. Eles não querem ser conhecidos como realmente são.

Quando, no entanto, são dados passos mais firmes com o Espírito Santo, eles não desejam encobrir nada do que são. É nessa fase que a donzela se dispõe a ser conhecida diante dos homens da mesma forma que ela é tão claramente manifesta diante do Senhor. Ela confessa então: "Foi o sol que me queimou a pele". Em outras palavras, estou escura porque o modo com que Deus disciplina secou a minha carne e, em razão disso, a vida na carne deixou de ser importante para mim.

"Os filhos de minha mãe zangaram-se comigo." Observe, por favor, que ela não diz "os filhos de meu pai", mas "os filhos de minha mãe". Mãe aqui significa o princípio da promessa que se encontra na graça de Deus, como consta em Gálatas 4.26-28. "Mas a Jerusalém do alto é livre, e é a nossa mãe. [...] Vocês, irmãos, são filhos da promessa, como Isaque." A expressão "filhos de minha mãe" refere-se, portanto, a todos aqueles que se tornam filhos de Deus por meio do princípio e da promessa da graça — todos os que são salvos pela graça.

A palavra "filhos", contudo, representa os que simplesmente se apegam a certa visão objetiva das coisas e que, sem uma experiência subjetiva correspondente, permanecem imaturos nas afeições espirituais. São como alguém que assume uma firme posição sobre questões doutrinárias e luta mais pela verdade objetiva que pelas afeições interiores. Para defender essas visões objetivas, tal pessoa pode tornar-se violenta e agressiva, supondo ter autoridade sobre o povo de Deus.

No entanto, em razão da devoção progressiva da donzela sulamita e do treinamento que ela recebeu no aposento interior, uma diferença marcante evidenciou-se em sua vida e serviço. Essa experiência, que não é entendida pelos que veem as coisas apenas no sentido objetivo, atrai sobre ela não somente escárnio e rancor, mas também a ira violenta dos descritos como "filhos de minha mãe". Os desejos espirituais dela pelo Senhor atraem sentimentos rancorosos até dos que são seus consanguíneos mediante a graça.

"Fizeram-me tomar conta das vinhas; da minha própria vinha, porém, não pude cuidar." A primeira referência está no plural — vinhas —, tendo a ver com trabalhos organizados e planejados pela mão do homem. A segunda está no singular — vinha —, o que indica o trabalho que o Senhor planejou e designou. "Fizeram-me tomar conta das vinhas" significa, portanto, seu antigo modo de vida e serviço, que realmente provou ser uma agitação proveniente do próprio Senhor. Contudo, por ter sido iluminada por Deus e tratada e disciplinada de modo adequado por seu Espírito, ela vê a futilidade desses serviços anteriores. Ela havia feito aquilo que lhe fora confiado pelo homem, mas tinha sido negligente com o trabalho que o Senhor lhe preparara.

> Conte-me, você, a quem amo,
>> onde faz pastar o seu rebanho
> e onde faz as suas ovelhas
>> descansarem ao meio-dia?

Se eu não o souber,
serei como uma mulher coberta com véu
junto aos rebanhos dos seus amigos. (v. 7)

No aposento interior, a donzela havia visto a futilidade do simples serviço externo. Ela reconhece que a necessidade maior do cristão não é a de um sistema de trabalhos, mas daquele lugar único onde o Senhor alimenta seu rebanho e o faz descansar. Pelo fato de necessitar de alimento, agora ela dirige a atenção a um lugar onde possa ser alimentada, e, pelo fato de necessitar de descanso, procura um lugar onde possa deitar-se.

Desse ponto em diante, ela busca alimento e descanso. O descanso significa descanso perfeito do coração. "Meio-dia" marca o elemento de perfeição em relação ao resto.

A vereda do justo
é como a luz da alvorada,
que brilha cada vez mais
até a plena claridade do dia. (Provérbios 4.18)

Chegar ao meio-dia é chegar ao ponto alto da perfeição do dia. Ao meio-dia, o Sol é visto do maior tamanho que a vista pode alcançar. (Observe que a paixão de nosso Senhor começou ao meio-dia).

"Se eu não souber, serei como uma mulher coberta com véu junto aos rebanhos dos seus amigos." Esses companheiros são companheiros do Senhor, mas os rebanhos não são rebanhos do Senhor. Ao contrário, são rebanhos dos companheiros do Senhor — companheiros do povo que seguem os homens de Deus em vez de reunirem para o Senhor. "Coberta com véu" significa um estado de confusão

Amor inicial

ou vergonha — uma condição resultante de ter seguido os rebanhos. A donzela continua sem entender tudo o que é representado pelo rebanho, portanto grita fazendo um apelo: "Onde, afinal, Senhor, alimentas o teu rebanho e o fazes descansar — onde, oh, onde, poderei encontrar satisfação? Neste momento estou à procura de alimento e descanso para minha alma, mas não os encontro nem no leste nem no oeste. Por ter ficado ao lado dos rebanhos de teus companheiros, tornei-me uma pobre alma errante — ridicularizada e criticada! Ó Senhor, tu não me dirias essas coisas?"

O Rei fala (1.8-11)

No aposento interior, a Sulamita vê três coisas: primeira, ela é escura em Adão e bela em Cristo; segunda, pelo modo com que o Senhor a trata, ela percebe a futilidade de seu antigo trabalho carnal e externo; e terceira, ela reconhece sua necessidade de alimento espiritual e descanso. Nesse instante, portanto, o rei responde à busca diligente da donzela, elogia-a e faz-lhe uma promessa.

Segue-se então a resposta do rei:

> Se você, a mais linda das mulheres,
>   se você não o sabe,
>   siga a trilha das ovelhas
> e faça as suas cabritas pastarem
>   junto às tendas dos pastores (v. 8).

O Rei dirige-se a ela como "a mais linda das mulheres". Ela é a que mais o atrai por causa de sua capacidade de valorizá-lo. "Se você não o sabe" é falado em um tom que chega quase a conter uma reprovação, dando a entender que ela deveria ter tido conhecimento, porém desviou-se do caminho por ter se dedicado ao trabalho dos outros. No entanto, "se você não o sabe [...] siga a trilha das ovelhas".

Essa trilha das ovelhas pode indicar, por um lado, as pegadas dos crentes de hoje que permanecem na verdade e na posição de um só rebanho. Em outras palavras, eles permanecem no fundamento verdadeiro da Igreja e reúnem-se apenas para o Senhor; porque, embora muitos crentes de hoje sejam ovelhas do Senhor, talvez não entendam o significado de rebanho — um rebanho, um pastor —, uma vez que não possuem nenhum conhecimento a respeito da verdadeira Igreja de Cristo. Ao dirigir-se à Amada, o Rei diz-lhe que é naquele local que ela encontrará o que está procurando em termos de alimento e descanso.

Por outro lado, o texto pode estar apontando na direção de todos aqueles santos ao longo dos séculos que já partiram e encontraram plena satisfação somente em Cristo e sugerindo que ela pode encontrar essa satisfação da mesma maneira que eles a encontraram. As "trilhas" falam de experiência vital. Da parte dela, há necessidade de um movimento em direção a essa experiência de encontrar verdadeiramente a presença viva de Cristo, e de cuidadoso discernimento quanto ao que essa experiência significa.

O verbo "pastar" no texto é o mesmo que "pastorear". É o trabalho que o pastor realiza quando conduz seu rebanho em direção à segurança, satisfação e descanso. "Cabritas" não significa ovelhas, porque ela própria é uma das ovelhas do Senhor, e essas são *suas* cabritas". Nem aponta para o rebanho, porque ela

Amor inicial

própria ainda não tem consciência do significado daquele rebanho. A palavra indica cordeiros; isto é, aqueles muito menos maduros que ela e pelos quais ela é responsável até certo ponto. "Faça as suas cabritas pastarem junto às tendas dos pastores" é uma expressão de receio de que, em sua busca pela satisfação da alma e por ocupar-se das próprias necessidades da vida, ela possa negligenciar seus deveres para com os mais jovens e mais imaturos, e até fechar a porta para eles.

Aqui nossa atenção concentra-se no serviço e adverte que, ao buscar Cristo de forma mais completa para ela, o dever para com os mais jovens e mais imaturos precisa ser ao mesmo tempo cumprido, a fim de evitar uma atitude de exclusão em relação a eles. O simples aperfeiçoamento de si mesmo pode tornar-se um perigo para aqueles que buscam estados mais altos de afeições espirituais. Em outras palavras, o alimento e o descanso em Cristo podem ser obtidos até por meio do cuidado e da alimentação que ela oferece aos cordeiros, e não serão encontrados se ela negligenciar esse ato de amor.

"Pastores" está no plural e simboliza os pastores auxiliares, aqueles que pastoreiam sob a direção do Senhor. São eles que amam o Senhor e cuidam de seu rebanho. Suas tendas (ou barracas), também no plural, indicam os grupos que os pastores têm de supervisionar. A intenção do Senhor, portanto, é que ela esteja ao lado de seus verdadeiros pastores auxiliares, aqueles que pastoreiam sob a direção do Senhor. Ela deve encontrar um lugar entre eles e cuidar dos jovens pelos quais ela tem uma dose de responsabilidade.

Por outro lado, ela deve discernir o exemplo dos santos que já partiram no que se refere a dedicação, fé e confiança, esperando no Senhor e buscando a vontade de Deus com singeleza de coração e oração fervorosa. É necessária uma grande dose de espiritualidade para fazer isso. No dia a dia, contudo, ela precisa cuidar dos crentes menos maduros que ela, e assim cumprir o ministério que lhe foi confiado. Resumindo, mesmo naqueles tempos em que a pessoa está na maior busca por bênçãos pessoais, os deveres do serviço diário aos outros não podem ser negligenciados.

Nesta passagem há novamente o elogio e a promessa do Rei:

> Comparo você, minha querida,
> a uma égua das carruagens do faraó.
> Como são belas as suas faces
>   entre os brincos,
> e o seu pescoço com os colares de joias!
> Faremos para você brincos de ouro
>   com incrustações de prata (v. 9-11).

A expressão "minha querida" pode ser traduzida aqui por "minha amiga amada", e "éguas das carruagens" refere-se a equinos selecionados com esmero. (Os melhores cavalos na época de Salomão eram importados do Egito, conforme mencionado em 1Reis 10.28,29). Os versículos 9 e 10 indicam a beleza natural da donzela — beleza com a qual ela foi contemplada pela natureza e o que "faraó" e "Egito" significam. Ela nasceu e foi criada no Egito e saiu daquela terra. O versículo 11 menciona a obra que Deus realizou nela e representa a beleza que deriva dele. Esses versículos, portanto, falam de seis

Amor inicial

itens: a égua, as faces, o cabelo trançado[5], o pescoço, os brincos de ouro[6] e as incrustações de prata. Vamos analisar um a um.

Primeiro, a comparação da donzela com "uma égua das carruagens do faraó" implica o que há de melhor na vida natural. A ideia espiritual nesse caso é que boa parte do que a donzela realizou na vida era fruto de energia e poder naturais. A égua, do ponto de vista de suas características naturais, era símbolo de velocidade naquela época. A rapidez descrita nos movimentos da donzela é comparada com a corrida dela atrás dele (v. 4), exceto que aqui seus movimentos rápidos são de origem natural, não espiritual.

Segundo, as faces referem-se à beleza natural dela. As faces determinam se a pessoa é bela ou não; e na donzela as faces são a representação simbólica de um dom natural de boa aparência.

Terceiro, o cabelo trançado, ao qual as "fileiras" ("de joias" não consta no texto em hebraico) se referem, é aquilo que realça sua beleza natural. O cabelo é símbolo da força natural. Podemos ver, portanto, que a donzela possuía muitos dons naturais e, desse ponto de vista, ela parece ser razoavelmente justa.

Quarto, o pescoço no qual há colares de joias significa um tipo de delicadeza natural. Sem os colares, é símbolo de algo rígido e inflexível na natureza humana — isto é, dura cerviz. Contudo, nessa donzela o pescoço está enfeitado, e isso se refere a uma delicadeza adquirida por meio de treinamento e educação cuidadosos, encontrados em algumas personagens amáveis. Refere-se àquilo que pertence ao faraó

---

5   Ou "fileiras *de joias*" (*Bíblia King James*). [N. do E.]
6   Ou "enfeites de ouro" (*Bíblia King James*). [N. do E.]

CÂNTICO DOS CÂNTICOS

e, portanto, dá a impressão de riqueza e poder pertencentes à natureza. Nessas manifestações da carne, há muito mais perigo. Por conseguinte, esses versículos comparam a donzela a um grupo de cavalos ou corcéis nas carruagens do faraó. Ela é rápida ao movimentar-se e possui uma boa dose de beleza, talento e força naturais. A comparação é feita para indicar que, a despeito da revelação do aposento interior e de uma procura verdadeira por uma vida espiritual, os dons naturais de uma pessoa podem ter muito destaque nessa mesma busca. Há muitas pessoas que não progridem na vida espiritual simplesmente por causa da intromissão de movimentos naturais. Embora a donzela seja bela, graciosa e se movimente com rapidez, como os versículos 9 e 10 descrevem, isso tudo é natural, ao passo que apenas aquilo que é feito por Deus pode ser reconhecido em termos de valores verdadeiros e nos levar ao nosso real objetivo.

Os dois itens seguintes, no versículo 11, indicam o que Deus promete fazer por ela mediante a graça. "Faremos" é a promessa do Rei, e no pronome implícito, "nós", o Espírito Santo está fazendo referência à Trindade.

Por isso, em quinto lugar, temos agora "enfeites de ouro". O ouro representa aquilo que é divino no caráter. Para que o ouro seja transformado em enfeite, é necessário muito tempo. Os enfeites de ouro são um trabalho primoroso e delicado e representam a vida de Deus realizada por meio do ministério do Pai, do Filho e do Espírito Santo em uma manifestação especial. Na verdade, a palavra "enfeites" no texto original significa uma peça semelhante a uma coroa. É uma grinalda de ouro trançado que lembra uma coroa. Essa coroa de ouro destina-se a tomar o lugar de seu cabelo trançado por força

Amor inicial

natural, e representa a justiça, a vida e a glória de Deus de torná-la linda, com feições divinas em lugar das naturais.

Finalmente, as "incrustações de prata" expõem a redenção. As incrustações de prata feitas nessa coroa de obra divina apontam para a obra fundamental de todos os valores espirituais na cruz do Calvário. Considerando que a coroa de ouro inteira é substituída por uma coroa de cabelos, vemos que aquilo que é de Deus tem de substituir tudo aquilo que é representado pelo homem natural.

A DONZELA FALA (1.12-14)

O Cristo permanente e sempre presente é o assunto destes versículos:

> Enquanto o rei estava em seus aposentos,
>   o meu nardo espalhou sua fragrância.
> O meu amado é para mim
>   como uma pequenina bolsa de mirra
>   que passa a noite entre os meus seios (v. 12,13).

A mesa de Salomão é um tópico de significado especial nas Escrituras.

> As provisões diárias de Salomão eram trinta tonéis da melhor farinha e sessenta tonéis de farinha comum, dez cabeças de gado engordado em cocheiras, vinte de gado engordado no pasto e cem ovelhas e bodes, bem como cervos, gazelas, corças e aves escolhidas. [...] o que era servido em sua mesa, o alojamento de seus oficiais, os criados e os copeiros [...]. (1Reis 4.22,23; 10.5)

Essa era a provisão "a todos os que vinham participar de sua mesa" (4.27), uma provisão farta e abençoada com a própria presença real.

"Enquanto o rei estava em seus aposentos"[7] pode referir-se ao que a donzela possui por desfrutar da fartura total da provisão do Senhor. Essa abundância pode ser dividida em duas classes. Primeira, há alimento feito de farinha ou substância de alimento. Significa a perfeita humanidade do Senhor — sua vida santa. Segunda, há alimento de substância de carne, o que expressa as realizações de nosso Senhor — sua obra e morte sacrificial para que os crentes possam ter comunhão íntima com ele em sua vida gloriosa. "Enquanto o rei *assenta-se* à sua mesa" indica o tempo preciso no qual há uma participação prazerosa na comunhão com ele.

É um momento de verdadeira alegria espiritual. Todas as vezes que nos aproximamos da mesa do Rei, o principal banquete é o alimento espiritual a fim de nos levar a ter comunhão íntima com ele. Participamos então do sacrifício de Deus, preparado e aceito — aquele sacrifício redentor tão agradável a Deus. (Na época do Antigo Testamento, o povo de Deus podia participar das porções descartadas dos sacrifícios para se nutrir e fortalecer.)

Como, porém, devemos participar desse sacrifício tão agradável a Deus? Quando olha para a morte do Senhor Jesus, o Senhor Deus vê um sacrifício de expiação que engloba tudo o que somos por natureza. De nossa parte, quando olhamos para a morte do Senhor Jesus, precisamos ver não apenas

---

[7] Ou "Enquanto o rei *assenta-se* à sua mesa" (*Bíblia King James*). [N. do E.]

Amor inicial

uma substituição de nossos pecados, mas também o motivo de nossa união com ele naquela morte. Na mesa de alimento espiritual do Senhor está a compreensão desse fato que faz brotar a fragrância e o louvor em nós — "o meu nardo espalhou sua fragrância".

Se deixarmos de perceber o significado real desse sacrifício tão agradável e aceito, que é a fonte de toda a alegria verdadeira no espírito, não poderemos nos dedicar ao Senhor nem sequer louvá-lo como ele merece. Mas, quando vemos que aquilo que apreciamos é idêntico ao que Deus aprecia, nosso nardo espalha sua fragrância, e o louvor transborda. A fragrância do frasco de nardo de Maria na história do Evangelho espalhou-se por causa do reconhecimento do significado da morte iminente do Senhor. O Senhor Jesus oferece tudo a nós; nós nos oferecemos de volta a ele. Dessa forma, a apreciação dele precede a nossa dedicação.

"Amado" no versículo 13 pode ser lido como "Noivo Amado". "Mirra" significa amor sofredor por ela e aponta para o significado da cruz do Senhor Jesus. Por ocasião da agonia do Senhor, deram-lhe "vinho misturado com mirra"[8] para ele beber, o que era extremamente amargo. Após sua morte, Nicodemos comprou mirra caríssima para embalsamar o corpo do Senhor para o sepultamento, significando que sua morte foi muito preciosa para Nicodemos. "Noite" nesse Cântico sempre se refere ao tempo da ausência de Salomão, e isso, do ponto de vista espiritual, refere-se à ausência do Senhor deste mundo. Na Escritura, os dois seios da mulher significam fé e amor, como consta em 1Tessalonicenses 5.8.

---

[8] Marcos 15.23. [N. do T.]

A donzela, portanto, está dizendo: "Eu o segurarei perto de mim com fé e amor durante esta noite longa e escura da maldade do homem e da ausência física de meu amado".

Os versículos 12 e 13 falam da presença de Cristo mantida na afeição pessoal interior. Resumindo: a frase "enquanto o rei *assenta-se* à sua mesa" transmite a ideia de íntima comunhão com ele. A condição de assentar-se à sua mesa sugere, da parte dela, uma porta aberta — a abertura da porta interior de seu coração a ele. "Eis que estou à porta e bato. Se alguém ouvir a minha voz e abrir a porta, entrarei e cearei com ele, e ele comigo." (Apocalipse 3.20.) Se nos recusarmos a abrir a porta do coração, não haverá lugar à mesa do Senhor para íntima comunhão.

A mirra indica seu amor sofredor, o amor mais precioso para o crente. Durante a ausência do Senhor deste mundo, é necessário dedicar a ele nossos maiores afetos por meio da fé e do amor. Tal dedicação marca o começo da comunhão interior, e, por meio de um entendimento e apreciação dele como foi descoberto no aposento interior, uma dedicação espontânea virá a seguir. Uma vida de doce comunhão principia, e a vida começa a espalhar uma intensa fragrância. Somente dessa maneira podemos acalentar o amor sofredor na morte de Cristo, e somente nos apegando a ele desse modo podemos seguir o Salvador crucificado.

Ser vestido e adornado com Cristo é o assunto do versículo 14, o que significa uma expressão exterior de Cristo.

> O meu amado é para mim
> um ramalhete de flores de hena
> das vinhas de En-Gedi.

Amor inicial

As flores de hena eram usadas pelas donzelas judias como enfeite pessoal exterior. "En-Gedi" era o nome do lugar para onde Davi fugiu e se escondeu — um lugar no deserto. "Vinhas" significa o lugar de videiras. As flores da videira ficam escondidas; portanto, aquele era um lugar onde não se viam flores. Encontrar um ramalhete de flores de hena por perto representava uma visão incomum. Assim era Cristo para sua amada.

A abrangência do versículo 14 é mais ampla que a do 13. O ramalhete de flores de hena em um lugar onde quase não se viam flores simboliza a singularidade do Senhor Jesus. A mirra entre os seios, conforme menciona o versículo 13, é invisível e aponta para Cristo secretamente escondido nas afeições. Mas, quando Cristo passa a ser o enfeite dela, conforme menciona o versículo 14, ela se veste com Cristo e há uma expressão externa do Cristo visível ao mundo. Isso representa o fato de que ela confessa Cristo diante dos homens, fala de Cristo, faz de Cristo um lindo ramalhete de flores de hena para ser visto na presença dos homens. Assim, aqui ela revela Cristo ao mundo dos homens.

O ELOGIO DO REI (1.15)

> Como você é linda, minha querida!
> Ah, como é linda!
> Seus olhos são como pombas. (v. 15)

A primeira referência à beleza da donzela diz respeito ao seu encorajamento. A segunda, elogia sua beleza, porque ela tem os olhos de pomba. Os olhos de uma pomba são verdadeiramente belos, e a ideia proposta é que ela possui agora percepção ou discernimento espiritual, o que a torna atraente a ele. Do ponto de vista de como funcionam, os olhos da pomba só conseguem enxergar uma coisa por vez, e isso significa sinceridade de propósito. "Se os seus olhos forem bons, todo o seu corpo será cheio de luz." (Mateus 6.22b.) No momento em que recebeu a revelação interior, ela possuía discernimento espiritual. A mirra, que representa o amor sofredor, ela já havia aceitado no coração, conforme vimos nos versículos anteriores, o que significa que seu coração é apenas inteiramente do Amado. É isso que a torna tão bela aos olhos dele, portanto o Rei a elogia.

A RESPOSTA DA DONZELA (1.16—2.1)

> Como você é belo, meu amado!
> Ah, como é encantador!
> Verdejante é o nosso leito. (1.16)

O significado é que ele não é apenas belo aos olhos dela, mas também completamente encantador nessa proximidade íntima. Essa é sua resposta ao Rei.

"Verdejante é o nosso leito." Ela alcança agora aquilo que buscava antes — descanso e repouso associados ao Amado. Aqui não há apenas descanso, mas cuidado — o cuidado do pastor. As pastagens verdes são leitos para o rebanho; portanto, deitar-se neles é ter um agradável descanso. Esse descanso assemelha-se a Salmos 23.2: "Em verdes pastagens me faz repousar e me conduz a águas tranquilas".

Amor inicial

A menção anterior de assentar-se à sua mesa implica satisfação repousante, porém o interesse primordial naquela circunstância é o alimento espiritual. Aqui o seu leito inclui a satisfação de ter recebido alimento, mas a ênfase encontra-se no descanso. Se os pastores não fossem habilidosos, o rebanho só receberia alimento; mas o pastor eficiente proporciona alimento e descanso ao rebanho. O rebanho descansa e também se satisfaz nesse ambiente terrestre, sugerido pela palavra "verdejante".

> De cedro são as vigas da nossa casa,
>   e de cipreste os caibros do nosso telhado. (v. 17)

Os cedros são árvores altas, imponentes e fortes. Apontam para a nova humanidade em Cristo, nosso Senhor. A maior parte do madeiramento do templo construído por Salomão era de cedro e cipreste. O cipreste era produto de um lugar chamado "Cidade Morta", e essas árvores cresciam normalmente nos cemitérios da Judeia. Associavam-se à morte e, nesse caso, referem-se à morte do Senhor Jesus.

É nessa percepção do que o Senhor Jesus é em sua vida e morte que a donzela consegue descansar agora. O leito verdejante da pastagem mencionado no versículo 16 representa tudo o que é vivo — tudo o que tem vida no Senhor Jesus e tudo o que é comestível e procedente dele. Aqui está, então, o repouso da donzela. E sua necessidade de receber sombra e amor depende das qualidades da humanidade perfeita de Jesus e de sua morte sacrificial.

Os dois tipos mais importantes de madeira do templo de Salomão eram o cedro e o cipreste. Em outras palavras, eram comprovadamente a madeira digna de ser usada na construção de uma habitação para Deus aqui na terra. Deus habita entre aquilo que é representado pelas paredes de cedro e pelos pisos de cipreste — as paredes da nova humanidade de seu Filho amado e o chão de sua morte substitutiva. E o lugar onde a donzela encontra descanso é o mesmo onde Deus encontra prazer em habitar.

> Sou uma flor de Sarom,
> um lírio dos vales. (2.1)

Esse versículo segue-se imediatamente ao 17 do capítulo 1. Não há nenhuma pausa. As palavras não são proferidas pelo Rei, como se supõe normalmente, mas pela própria donzela. Elas seriam ambíguas se proferidas pelo Rei, uma vez que no versículo seguinte ele fala dela como um lírio entre espinhos. Seriam incongruentes.

Sarom é uma planície da Judeia, e a flor era provavelmente uma rosa ou flor comum que crescia a esmo, encontrada com facilidade na província. É bem provável que esse lírio não seja uma flor plantada em vaso, mas o narciso que se esconde nos vales profundos e não é visto pelos homens, mas por Deus.

Assim, a donzela se vê como uma simples "flor de Sarom, um lírio dos vales". Diante da observação elogiosa do Rei em 1.15, por um lado, ela responde em 1.16 exaltando o Amado soberano por sua beleza e, por outro, pelo descanso que encontrou nele. Agora, ao ter opiniões corretas sobre ela própria, a donzela confessa: "Sou apenas uma pessoa muito comum, porém cuidada e amada pelo Senhor".

Amor inicial

A RESPOSTA DO REI (2.2)

> Como um lírio entre os espinhos,
> é a minha amada entre as jovens. (2.2)

O Rei sugere que a donzela é verdadeiramente um lírio, mas a classificação dada a ela não é a de um lírio dos vales, mas de um lírio entre os espinhos. Nessa afirmação, o rei indica que só ela entre toda a humanidade possui a pureza e a simplicidade do lírio, ao passo que o restante da humanidade não convertida é como espinhos. Ele a coloca em contraste moral com tudo o que a rodeia.

Cardos ou espinhos do ponto de vista bíblico designam, acima de tudo, a queda de Adão e a vida natural que restou dele. A primeira referência a espinhos encontra-se em Gênesis 3.18: "Ela [a terra] lhe dará espinhos e ervas daninhas". Os espinhos crescem naturalmente. Brotam de uma terra amaldiçoada sem terem sido semeados. Em Êxodo 3, em uma passagem da Escritura que trata do assunto, uma chama de fogo ardia na sarça espinhosa do deserto, mas a sarça não se queimava. O fogo e o clarão não vinham da sarça, veja bem, mas da presença do Senhor dentro da sarça. Deus fez uso do arbusto espinhoso, mas não o destruiu. Essa visão pode ter transmitido a Moisés a ideia de que, no futuro, Deus desejava usá-lo em relação a Israel e aos poderes da idolatria, mas somente por meio do que procedia do próprio Senhor, não de qualquer outra coisa que tivesse origem na vida natural de Moisés. A ideia fazia alusão ao fato de que Deus não usa os bens materiais e os recursos da natureza pecadora e corrupta do homem como vaso para seu uso, mas somente aquilo que procede dele próprio.

CÂNTICO DOS CÂNTICOS

Em segundo lugar, os espinhos apontam para aquilo que brota da vida natural do homem, o fruto do pecado. Vemos isso na referência de Mateus 13.7: "Outra parte [a boa semente] caiu entre espinhos, que cresceram e sufocaram as plantas"; também em Hebreus 6.8: "Mas a terra que produz espinhos e ervas daninhas, é inútil e logo será amaldiçoada. Seu fim é ser queimada". Esse é o fruto das obras da obstinação. Tal exercício produz o fruto de espinhos, que precisam ser queimados.

"Minha amada" é uma forma plural. A donzela, lembre-se, não é a mesma de "as mulheres de Jerusalém". Nessa atual conexão, o Senhor está olhando para aqueles que o buscam diligentemente como fez a donzela, cujas virtudes semelhantes ao lírio estão em total desacordo com o que brota de antecedência pecaminosa. "Como um lírio entre os espinhos é a minha amada entre as jovens." Ela e o grupo que vive em pecado são muito diferentes um do outro. Tudo ao redor dela é aquela vida pecaminosa que brotou da vida natural do homem, mas ela é a que possui fé e amor puros — tão puros quanto um lírio. Há também nesse versículo um indício de que a pessoa que busca verdadeiramente o Senhor sofrerá dor, perda e solidão no meio do ambiente perverso representado pelos espinhos.

O ELOGIO DA DONZELA (2.3-6)

Como uma macieira entre
    as árvores da floresta
é o meu amado entre os jovens.
Tenho prazer em sentar-me
    à sua sombra;
o seu fruto é doce ao meu paladar. (v. 3)

Nesse ponto, ela estabelece uma comparação entre o rei e os pecadores. A expressão "os jovens" pertence a tudo aquilo que conquista as afeições do coração e que provoca desejos sensuais como em Gênesis 3.16; que passa a dominar a vida interior em lugar de Cristo; ou que pode até ser um lugar para o qual o coração do homem é atraído em vez de Cristo.

A "macieira" é sem dúvida a cidreira, uma árvore de linda folhagem cujas folhas não caem no inverno. A fruta tem a aparência de uma romã, mas o paladar é semelhante ao da tangerina com um toque de limão — uma fruta dourada de rara fragrância. Por conseguinte, a expressão "os jovens" indica o que brota da vida natural corrupta, mas o Amado da donzela, Cristo, é como aquela árvore gloriosa — singular. A singularidade de Cristo apresenta três aspectos: primeiro, sua vinda ao mundo, assumindo seu lugar em nossa humanidade, mas também um lugar de grande e alta primazia *sobre* os filhos da raça de Adão. Segundo, sua sombra poderosa, que nunca falha; é a folha sempre verde que proporciona sombra e abrigo para a noiva. Terceiro, seu fruto — porque há muitas pessoas que podem adquirir a tonalidade sempre verde, mas não produzem fruto. Assim, o Amado da donzela é preeminente na estatura de sua figura humana e, ao mesmo tempo, proporciona sombra para o calor escaldante do dia e dá alimento à Amada para seu sustento espiritual.

Em um período anterior, ela já se entregara totalmente ao seu Senhor. Esse é, então, seu testemunho. São palavras dirigidas a ele, proferidas pelos lábios dela. São palavras declaradas a todos os homens de todos os lugares. Ela não diz apenas que o amor do Senhor é tão bom quanto o vinho, mas nessa palavra faz um grande elogio ao bom vinho e manifesta louvor a ele. Nesse momento, então, ela percebe que não existe nenhuma outra pessoa nem qualquer coisa no mundo igual a ele — ninguém, nada pode substituir o Amado. Dentro das igrejas, há, às vezes, grupos dissidentes que dizem: "Eu sou de Paulo, ou eu sou de Apolo" (o que é carnal), mas, para a donzela, o Senhor preenche agora toda a sua visão.

"Tenho prazer em sentar-me à sua sombra." "Prazer" pode ser traduzido por "êxtase". Sentar-se à sombra do Senhor significa uma tremenda elevação do espírito — um prazer extasiante na presença dele transmite a sensação de arrebatamento.

"O seu fruto é doce ao meu paladar." A participação aqui é um pouco diferente daquela de estar presente à mesa dele em 1.12 (*Bíblia King James*). Lá a ênfase estava no próprio Senhor; aqui o fruto do sustento aponta mais para as coisas que a obra e a vida dele conquistaram para nós — dons como justiça, santificação, paz e a descida do Espírito Santo. Por um lado, a donzela está consciente da alegria extasiante na presença dele e, por outro, alegra-se nessa presença por causa do que ele conquistou para ela. Todas as vezes que tais crentes experimentam o sabor dessas boas coisas, encontram nelas uma doçura espiritual totalmente inclusiva.

O versículo 4 do capítulo 1 dá a entender que ela tem pressa para ir atrás dele; no versículo 8, que ela o segue; nos versículos 12-14, que ela se senta à sua mesa, embora esse ato não seja especificamente mencionado; e nos versículos 16 e 17, embora mais uma vez nenhuma ação seja descrita, ela está evidentemente repousando no lugar de descanso do Senhor. E agora, no versículo em destaque, entende-se de

Amor inicial

forma clara e categórica que ela "senta-se" e alegra-se verdadeiramente com a presença dele.

Em 1.16,17 ela já obteve descanso, mas aqui em 2.3 parece apropriado fazer uma declaração clara do que ela fez e de tudo o que conseguiu em consequência disso. Os versículos 16 e 17 são, portanto, história, ao passo que 2.3 é um relato e um testemunho da experiência.

> Ele me levou ao salão de banquetes,
> e o seu estandarte sobre mim é o amor. (v. 4)

"Salão de banquetes" pode ser traduzido por "casa do vinho" e sugere um lugar de alegria e contentamento. Ela é levada pelo Rei ao salão de banquetes. A ação parte do Rei, e essa é a segunda vez em que ela é levada por ele a sentir alegria conscientemente. Esse compartilhamento com os frutos e prazeres do Rei é um pouco diferente da satisfação que ela sentiu ao sentar-se com ele à sua mesa (1.12, *Bíblia King James*), em parte por causa da presença de outros convidados e também porque enfatiza mais a condição de alegria dela.

Depois, portanto, de ter sentido uma dedicação inicial e de ter sido levada a uma experiência mais profunda da cruz, há uma compreensão mais completa de tudo o que o Senhor realizou por ela e lhe tornou acessível. Tudo isso agora é para ela uma "casa do vinho". Em outras palavras, ser levada pelo Rei ao seu aposento interno, como em 1.4, tem o propósito de revelação; e ser levada ao seu salão de banquetes tem o propósito de regozijo — sentir a alegria de sua presença. "O seu estandarte sobre mim é o amor" sugere que o hasteamento desse estandarte por ela concentra a atenção toda no amor. É uma relação de amor. O estandarte representa aquilo que o crente faz, e é um tipo de lema ou motivação dominante da vida. Nosso estandarte é o amor do Senhor e significa que em tudo o que o crente faz não há outra motivação senão o amor por Cristo.

> Por favor, sustentem-me com passas,
> revigorem-me com maçãs,
>> pois estou doente de amor. (v. 5)

Os verbos hebraicos estão no plural, por isso parece que o apelo da donzela foi feito em geral, não imediatamente dirigido ao Rei. Ela exclamou, como fez às mulheres de Jerusalém: "Refresquem-me com iguarias doces e perfumadas; porque estou em estado de grande agitação por causa da intensidade do meu amor".

"Doente de amor" significa estar perdido de amor, e equivale a estar exausto em razão de extrema felicidade. Essa era a experiência dos santos de todas as épocas quando chegavam à plena conscientização da presença especial do Senhor. Foi o que Dwight L. Moody experimentou quando a alegria o inundou a tal ponto que ele sentiu que não poderia conter tais torrentes dentro de si, suplicando ao Senhor que reduzisse o fluxo. As alegrias da presença do Senhor podem ultrapassar os limites daquilo que somos capazes de conter dentro de nós. A capacidade de sentir a alegria do Senhor tem de ser necessariamente aquela que ele nos dá; caso contrário, seria demais para os mortais e não poderíamos contê-la dentro de nós. Os vasos terrenos não possuem espaço natural para conter o Senhor e sua glória; portanto,

Amor inicial

a capacitação tem de vir DO Senhor para que possamos sentir a alegria pura de sua gloriosa presença.

Um sentimento espiritual intenso como esse pode produzir exaustão física. Nessa condição, a donzela mergulhou no prazer e êxtase, chamando alguém para sustentá-la. O Amado respondeu ao seu apelo ao passar carinhosamente o braço ao redor dela e segurar-lhe a cabeça:

> O seu braço esquerdo
>   esteja debaixo da minha cabeça,
> e o seu braço direito me abrace (v. 6).

O braço esquerdo debaixo da cabeça implica que ela se vira para ele, mas necessita de amparo para fazer isso. O abraço com o braço direito descreve a forma natural de abraçar uma pessoa. A ideia aqui é a de proteção e amparo do amor que ele sente por ela. A ênfase não está muito na força em si de ampará-la, mas naquela força de amparo que provém de uma união íntima. Em outras palavras, há necessidade da graça sustentadora da parte dele, para que ela suporte igualmente o amor com o qual ele a abraça.

A ORDEM DO REI (v. 7)

> Mulheres de Jerusalém, eu as faço jurar
>   pelas gazelas e corças do campo:
> não despertem nem provoquem o amor
>   enquanto ele não o quiser. (v. 7)

As corças do campo pertencem à família das gazelas; a palavra "minhas" não consta do texto hebraico, mas tem sido incluída pelos tradutores; e "ele" deve ser interpretado como se fosse "ela", que se encaixaria melhor no contexto. Porque quem fala é o Rei, não a donzela; "eu as faço jurar"[9], a mais solene das ordens, está em consonância com as verdadeiras características e autoridade de um rei.

Essas palavras concluem a primeira parte do livro e também descrevem a experiência espiritual. O Senhor deseja que seus seguidores encontrem descanso. Nesse estágio atual, podemos dizer que o objetivo de tal tranquilidade de espírito e segurança geral foi alcançado. Sair do aposento interior e, depois, ser trazida para a casa do vinho podem ser descritos como uma jornada muito suave. Agora o Senhor deseja que ela descanse um pouco.

As "mulheres de Jerusalém" são aquelas que gostam de humores extasiantes e tentam interferir. Consequentemente, o Senhor, dirige-se a elas com a advertência de que não devem despertar a Amada — isto é, não provocar suas emoções — porque, assim como a gazela ou a corça do campo, ela pode assustar-se com facilidade. A ordem solene do Rei dada dessa forma fala da donzela como vítima da doença do amor — exausta pelos exercícios vigorosos da devoção. Nessa condição, ela não deve fazer nada, a não ser esperar um pouco. Ela está nos braços do Senhor, e ele não permite que outras pessoas e ninguém a perturbem.

A lição aqui é que, se você tem a propensão de interferir nos assuntos espirituais de outras pessoas, essa interferência não lhes traz nenhum benefício e tende a afugentá-las. No caso dessa donzela, ela precisa descansar por um momento

---

[9] Ou "conjuro-vos" (*Bíblia King James*). [N. do E.]

Amor inicial

até que o período de exaustão emocional passe. Ela deve esperar até que seus desejos sejam despertados novamente para buscar outra experiência. As outras pessoas, que a consideram imatura, não devem tentar ajudá-la nem querer despertar suas afeições com energias carnais.

As lições que ela aprendeu chegam agora a uma conclusão temporária. A devoção chegou a certo clímax. Vamos deixar, então, que tudo fique em silêncio diante de Deus.

> O Senhor, porém,
>   está em seu santo templo;
> diante dele fique em silêncio
>   toda a terra. (Habacuque 2.20)

Ele, o Senhor, está amando você em silêncio. Sofonias 3.17 (*Bíblia King James*) diz que ele descansará em seu amor por você.

O resumo dessa primeira parte do Cântico é este. Primeiro, na abertura ela entende o valor da cruz, porém não entende a realidade plena da vida ressurreta nem de seu poder. Segundo, o perigo nessa primeira fase é o de ser indulgente em excesso em uma forma de comunhão interior, que a deixa exausta. Terceiro, a submissão à cruz e o verdadeiro significado de dedicação com suas aplicações à vida ainda são desconhecidos para ela. Como não houve nenhuma prova real de sua parte, ela ainda não se dedicou inteiramente à cruz. Não percorreu ainda a distância suficiente daquele caminho que leva ao teste da cruz. Quarto, o outro perigo é que só agora ela percebe quanto o Senhor lhe tem sido precioso. Em outras palavras, ela somente recebeu os frutos da obra do Senhor em seu favor, mas ainda não permitiu que o Senhor reivindique os frutos de sua obra nela. Isto é, ela tem o Senhor, mas o Senhor ainda não obteve tudo dela.

Resumindo, essa primeira parte é simplesmente *Cristo para mim*. Ainda não sou inteiramente de Cristo.

Parte 2 (2.8 - 3.5)

Amor vacilante

O CHAMADO PARA FUGIR DO EU (2.8-15)

Não se menciona nada aqui a respeito dos pecados e erros da donzela. Ainda assim, é nesse ponto que novos passos necessitam ser dados pelo crente na experiência da caminhada cristã. Os defeitos começam a se manifestar à medida que prosseguimos no desenvolvimento das afeições espirituais, porém o simples reconhecimento deles não revela automaticamente à pessoa os passos que ainda precisam ser dados para a completa viabilização da vida espiritual. Agora há quatro aspectos que devem chamar a atenção dela:

O *primeiro* é o poder da vida ressurreta.

> Escutem! É o meu amado!
>> Vejam! Aí vem ele,
>> saltando pelos montes,
>> pulando sobre as colinas.
> O meu amado é como uma gazela,
>> como um cervo novo.

Vejam! Lá está ele atrás do nosso muro,
observando pelas janelas,
espiando pelas grades. (v. 8,9)

No versículo 8, ela se encanta ao ouvir a voz do Amado. A voz a emociona. Mas, embora sinta prazer pela volta dele, ainda assim, como veremos, ela não presta atenção às palavras dele nem lhe é verdadeiramente submissa.

Considerar o Senhor uma gazela ou uma corça jovem só pode ter um significado óbvio, isto é, refere-se ao título inspirado do salmo 22: "Sobre Aijelete-Hás-Saar" ou "De acordo com a melodia *A corça da manhã*". Todos os estudiosos da Bíblia concordam que essas palavras anunciam a ressurreição do Senhor Jesus Cristo na manhã do primeiro dia da semana. A manhã é o começo do dia; portanto, a ressurreição de Cristo é o começo de uma nova vida. Para o crente, a vida e todas as experiências espirituais começam nessa vida ressurreta. Aqui, então, o Senhor apresenta-se novamente a ela, dedicando-lhe seu amor total, em todo o frescor e rapidez daquela vida ressurreta.

Os versículos 8 e 9 convergem para a qualidade da existência de Cristo naquela vida. Na Bíblia, todos os montes e colinas referem-se a dificuldades e obstáculos. "Aí vem ele, saltando pelos montes, pulando sobre as colinas" indica que não há nada tão alto nem tão gigantesco capaz de impedir ou evitar que ele se aproxime da Amada. O Senhor é o Senhor ressurreto. Cristo ressuscitou. Triunfou sobre todas as dificuldades e obstáculos. Agora essas coisas fazem parte do passado. Ele está vivo no começo de um novo dia no qual todas as obstruções estão sob seus pés. Ele salta! Todas as dificuldades são removidas.

Amor vacilante

Nessa parte, portanto, o Senhor manifesta seu poder da vida ressurreta, movimentando-se com toda a agilidade em direção a ela — conduzindo-a a um novo modo de vida. Por ser inexperiente, conforme descrito no capítulo 1, ela não entendeu essas coisas. Apesar de conhecer a rapidez de suas afeições no intuito de buscá-lo, o fato de vê-lo "saltando pelos montes, pulando sobre as colinas" foi algo que ela não entendeu. Agora o Senhor deseja instruí-la nesse assunto.

Em razão de ter estado tão perto e de modo tão íntimo com o Amado, ela não tem dificuldade de reconhecer sua voz. Aqui, porém, há um obstáculo bem aparente para que eles se encontrem — um muro os separa. O muro protege a donzela, mas deixa o Senhor do lado de fora. Aparentemente ela não tem a mínima consciência de que o muro é prejudicial e desvantajoso para a comunhão entre eles. Dessa forma, ela não diz "meu muro", mas "nosso muro", dando a entender que se tratava de um muro construído para ambos. Basicamente, ela pensa que o muro serve para protegê-la ao lado do Senhor e para mantê-los juntos, longe do mundo e de tudo o que pertence a ele do lado de fora. Dentro dessa proteção, ela havia passado muitos dias de alegria e contentamento com o Amado.

Essa cena descreve aqueles que são extremamente introspectivos e, em sua busca constante pelo Senhor, desejam apenas que ele esteja dentro de seu coração. A donzela poderia desconsiderar por completo o ambiente onde vive — sem ninguém por perto, sem seus irmãos e irmãs e até sem seus trabalhos diários e, com toda a certeza, sem suas provações no mundo. Poderia deixar todos do lado de fora e voltar repetidas vezes para dentro de si mesma a fim de desfrutar a presença do Senhor e esquecer o mundo. Ela conhecia apenas a doçura da comunhão e pouco sabia a respeito do poder para servir ou da luta feroz da batalha espiritual. No alto do monte, Pedro queria construir três tabernáculos e habitar ali (v. Marcos 9.5). Na doçura da experiência extasiante no alto do monte, ele esqueceu-se da multidão de pecadores no vale.

O mesmo ocorre com a donzela. Protegida por seu muro, no amor extasiante do alto do monte, estavam o Senhor e ela, porém lá embaixo no mundo havia homens oprimidos por pecados e demônios. Certamente teria construído também um tabernáculo ou um muro dentro dela própria, no qual desfrutaria a presença do Senhor sozinha, mas não poderia libertar os pecadores do poder dos demônios nem sentiria o desejo de fazer isso. Em outras palavras, ao retornar repetidas vezes para buscar somente a alegria pessoal da presença do Senhor, ela criou um muro, e esse muro pertencia somente a ela. Esse é o perigo do crente que aprendeu muito sobre o Cristo que habita nele.

Pelo aspecto espiritual das coisas, não deduzimos que o Senhor se afasta do coração do crente. No texto em questão, o Senhor está *em pé*, não sentado em posição de descanso. Significa que ele está pronto para entrar em ação. Assim como o ato de sentar leva ao descanso, o ato de estar em pé leva a uma nova atividade. Repetindo, o Senhor está do lado de fora do muro, e deseja entrar em ação e conduzir a Amada para que ela conheça novos horizontes além dos limites daquele ambiente fechado no qual ela ama passar os dias. Cristo demonstra a ela o poder de sua vida ressurreta quando salta pelos montes e pula sobre as colinas.

Amor vacilante

Consequentemente, ele não pode permanecer aprisionado atrás do muro da donzela. Ele precisa movimentar-se.

Ela, no entanto, precisa aprender a não se apropriar do Senhor pelo simples fato de estar em uma posição de confinamento. Ao contrário, precisa permitir que ele a guie e a conduza para fora daquele lugar. Ela não deve usar a própria força para manter o Senhor ali, mas permitir que ele a conduza. Precisa aprender a confiar na palavra do Senhor, aprender a exercitar a fé, aprender a seguir o Senhor quando ele salta pelos montes e pula sobre as colinas. Precisa aprender a não depender da mera sensação agradável da presença do Senhor dentro dela a fim de viver nele. Graças a Deus porque, apesar de existir um muro do lado dela, o Senhor construiu janelas para ele próprio. Mesmo não sendo grandes, as janelas são, no mínimo, pequenas aberturas através das quais ele pode olhar e brilhar dentro daquele coração que lhe foi oferecido com afeto.

O muro é meu "olhar interior", capaz de me fazer perder o Senhor de vista. Ele, porém, construiu janelas para si, através das quais brilha dentro de nós e nos faz ver além de nós mesmos. O muro implica que, quando encerramos o Senhor dentro de nós, deixamos o mundo dos homens para fora e desprezamos totalmente as tremendas necessidades de todos os que estão do lado de fora. O Senhor deseja, portanto, libertar a donzela dessa condição, para que ela sinta o sabor de sua presença com ela, seja qual for o ambiente para o qual tenha sido levada. É necessário que ela o busque não apenas dentro de si mesma, mas também que reconheça Cristo em todas as circunstâncias do mundo lá fora. Essa experiência é muito mais valiosa que simplesmente conhecê-lo dentro dos limites de um ambiente só nosso. O Senhor é onipresente. Andrew Murray disse com muita clareza: "A presença do Senhor não deveria ser apenas uma realidade em nossas orações, mas uma realidade na fábrica".

Qual é, então, a atitude do Senhor do lado de fora do muro? Ele está em pé, aguardando para agir. Mas o crente que sempre olha para dentro de si mesmo e está somente interessado em sua sensação de felicidade não entende realmente o significado da atitude e do propósito do Senhor. Ele ouve a voz do Senhor, mas não compreende seu significado. Nessa condição e nesse estágio, o crente necessita de uma manifestação mais clara do que o Senhor lhe falou. Só então haverá uma compreensão inteligente do lugar ao qual o Senhor deseja nos conduzir.

Segue-se, então, uma abundância de vida ressurreta.

> O meu amado falou e me disse:
> Levante-se, minha querida,
>   minha bela, e venha comigo.
> Veja! O inverno passou;
> acabaram-se as chuvas e já se foram.
> Aparecem flores na terra,
>   e chegou o tempo de cantar;
> já se ouve em nossa terra
>   o arrulhar dos pombos.
> A figueira produz os primeiros frutos;
> as vinhas florescem
>   e espalham sua fragrância.
> Levante-se, venha, minha querida;
>   minha bela, venha comigo. (2.10-13)

Amor vacilante

"Venha comigo." Aqui o Senhor dirige-se sem rodeios à donzela, ressaltando que ela precisa sair de sua condição de isolamento.

Essas palavras não têm a intenção de desmerecer as doces experiências interiores do espírito, senão o Senhor não as teria proferido. Mas a insistência somente nisso a teria incapacitado de sair para um encontro do lado de fora do muro. Todo impacto com o mundo perturba aqueles que vivem ensimesmados e lhes rouba a paz verdadeira. A partir desse momento, o Senhor deseja que sua amada esteja com ele "saltando pelos montes, pulando sobre as colinas". Madame Guyon disse a esse respeito: "Até aqui, a presença do Senhor era uma questão de tempo e lugar, mas agora sua presença permanente deixa de ser uma questão de tempo e lugar. Sejam quais forem as circunstâncias, podemos confiar e crer na presença permanente do Senhor. Por conseguinte, esses meros sentimentos interiores não aprisionam nem sobrecarregam o crente".

Ao chamá-la para ir com ele, o Senhor expõe diante dela todas as experiências do passado e os fatos diante de seus olhos. "O inverno passou." O inverno é desalentador e frio e não conduz ao crescimento. O inverno representa um tempo de sofrimento no qual há pouca coisa para festejar. Em outras palavras, o Senhor já a conduziu em segurança nas experiências da parte 1 com várias provações de frio, escuridão e morte aparente. Foi ele quem a levou expressamente a passar por essas provações e, por meio de sua presença viva, a fez esquecer-se de todas. Portanto, "o inverno passou".

"Acabaram-se as chuvas e já se foram." Aqui a chuva não é aquela chuva refrescante da primavera, mas uma chuva que, em razão da atmosfera fria, se transforma em granizo ou neve. A chuva de inverno às vezes nos aprisiona e nos impede de realizar qualquer tipo de trabalho. Consequentemente, a chuva à qual o autor se refere indica condições de inverno da alma. (Observe esse simbolismo em Gênesis 6 e 7 e em Mateus 7.25,27.) Ao dirigir-se a ela nesse ponto, o Senhor está dizendo em essência: "Todos aqueles sofrimentos e provações ficaram para trás por causa de seu senso vívido de minha presença permanente". Há talvez estes dois aspectos nas chuvas de inverno: O primeiro refere-se às chuvas como as provações iniciais que o crente pode deixar para trás. Elas representam a cruz do crente. O segundo compara as chuvas à cruz do Senhor e ao fato de que seus sofrimentos já passaram. Não se deve, portanto, continuar a dar atenção demasiada ao aspecto físico da morte de nosso Senhor.

As referências a flores, ao arrulhar dos pombos e assim por diante são um apelo do Senhor para que sua amada permaneça no solo da ressurreição. Os versículos 12 e 13 falam daquela abundante vida ressurreta que, assim como a primavera, vem depois do inverno. Se o inverno não tivesse sido mencionado antes, a primavera indicaria apenas um ressurgimento de atividade. No entanto, após as condições do inverno terem sido mencionadas, e citadas como símbolo de morte, primavera significa muito mais que morte — significa vida ressurreta. O Senhor deseja que sua amada entenda que não precisa focar repetidamente a atenção na morte, nos desalentos e no definhamento do inverno na alma.

"Aparecem flores na terra, e chegou o tempo de cantar [dos *pássaros* (*Bíblia King James*]." As flores são adornos

Amor vacilante

de beleza. Os pássaros representam a voz de um cântico feliz. As flores permanecem no chão, ao passo que os pássaros entoam seus cânticos no firmamento. As flores expressam arte; os pássaros lançam música no ar. De acordo com Mateus 6, as flores e os pássaros são objetos do cuidado especial de Deus e expressam uma mensagem celestial. Manifestam a beleza celestial e produzem louvores muito melodiosos — os elementos verdadeiros da vida ressurreta.

"Já se ouve em nossa terra o arrulhar dos pombos." A voz de louvor dos pombos enfatiza o amor, não a doçura.

"A figueira produz os primeiros frutos." O figo é um fruto do inverno e permanece no galho até a primavera, o que indica que passou pelo inverno da morte e sobreviveu. É o fruto que adquirimos por meio da disciplina da cruz e das duras condições dos cruéis sofrimentos. É o fruto transportado às experiências posteriores, mais preciosas em Cristo.

"As vinhas florescem e espalham sua fragrância." É preciso notar que aqui as vinhas estão florescendo e, dessa forma, indicam que a vida do crente nessa fase produz fragrância e mostra a promessa de ser muito frutífera. A frutificação é certa porque a florescência da vinha ocorre depois que os frutos começam a aparecer. As outras árvores podem florescer profusamente, mas não produzem frutos depois. Mas, quando a vinha floresce, é certo que as uvas nascerão, porque já estão formadas nos galhos.

Esse é, portanto, o solo da ressurreição. Tudo o que se refere à morte já passou. O futuro ilimitado de vida abundante já pode ser visto. Por meio dessa abundância da vida ressurreta, o Senhor conduz a Amada para fora de suas condições de inverno. Ela não precisa mais sentir-se atraída pelos meros sentimentos interiores de felicidade, mas, ao contrário, agora expressa o poder da ressurreição do Senhor. É tempo de agir — tempo em que os amados de Cristo Jesus, o Senhor, devem sair e proclamar sua vida ao mundo.

O *terceiro* aspecto ao qual a donzela deve dar atenção é o chamado da cruz.

> Minha pomba que está
> nas fendas da rocha,
> nos esconderijos,
> nas encostas dos montes,
> mostre-me seu rosto,
> deixe-me ouvir sua voz;
> pois a sua voz é suave
> e o seu rosto é lindo. (v. 14)

Nesse ponto, a donzela continua a repetir as palavras do Amado a ela.

Antes disso, os olhos dela são comparados aos olhos de uma pomba; agora ela *é* uma pomba. É, então, considerada pelo Senhor como se estivesse em uma condição ideal — uma posição futura à qual ainda não chegou; porque, se já estivesse dentro das fendas da rocha e nos esconderijos, no sentido mais profundo e verdadeiro, estaria manifestando a vida plena do Espírito. Ela ainda não conhece a cruz desse modo mais intenso e completo.

"Nas fendas da rocha" ou "na rocha que foi fendida" é uma referência evidente à cruz de nosso Senhor Jesus Cristo e ao seu sofrimento ali. O versículo chama a atenção da donzela para a realidade de sua posição na morte de Cristo, pois o que ela conhece a respeito da cruz até agora é muito

Amor vacilante

superficial. Nessa fala poética, o Senhor está perscrutando qual é a medida da vida espiritual da Amada e dá a entender que agora ela deve moldar sua vida de acordo com o que ele já lhe falou, ou seja, com a plenitude e o poder da vida ressurreta. Para conseguir tudo o que planeja para ela, é necessário que a vida ressurreta da qual ela tomou posse seja acompanhada da resolução de tornar-se como Cristo em sua morte. "Quero conhecer Cristo, o poder da sua ressurreição e a participação em seus sofrimentos, tornando-me como ele em sua morte" (Filipenses 3.10) — um versículo que corre lado a lado com a passagem de Cântico dos Cânticos 2.8-14. A cruz nesse caso é uma experiência subjetiva da vida interior.

"Mostre-me seu rosto, deixe-me ouvir sua voz." Nosso rosto e nossa voz não devem ser evidenciados em qualquer outro lugar ou posição que não seja nas fendas da rocha. O rosto e a voz precisam ser ajustados, modelados e aperfeiçoados pela obra da cruz. É disso que trata a parte 1 quando fala que a satisfação verdadeira do Senhor se encontra exatamente aqui. Inicialmente, havia da parte dela uma completa dedicação e um desejo ardente de seguir o Senhor no caminho da cruz. Agora parece que ela precisa receber a marca da cruz. Tanto o rosto quanto a voz necessitam ficar escondidos nas fendas da rocha, nos esconderijos e nas encostas dos montes. O ponto principal é, sem dúvida, a necessidade da união com Cristo em sua morte — união, isto é, onde a cruz de Cristo precisa tornar-se a nossa cruz.

Aqui há uma verdade importante a nós revelada. Devemos passar pela experiência de viver a cruz. Ao atravessar o lugar onde nos tornamos "como ele em sua morte", a cruz de Cristo precisa tornar-se a nossa cruz. Então, aquilo que os outros veem em nós ou nos ouvem falar leva a marca da cruz que crucifica todas as manifestações da vida carnal. Contudo, a fim de nos tornar como ele em sua morte, precisamos, antes de tudo, conhecer o poder da ressurreição, uma vez que somente a vida ressurreta de Cristo é capaz de passar pela experiência da cruz e sobreviver.

Nesses versículos, o Senhor sugere que sua amada aparentava estar muito bem, mas continuava presa à superficialidade. O peso total da cruz, o pleno alcance de sua consagração e o significado completo das promessas — tudo isso ainda era desconhecido para ela. A esse respeito, ela ainda precisava entrar nas fendas da rocha, nos esconderijos e nas encostas dos montes.

"Pois a sua voz é suave e o seu rosto é lindo." A voz refere-se, por um lado, às orações e, por outro, aos elogios. Na parte 1, o desejo e a esperança da donzela eram possuir o Rei para si mesma. Consequentemente, o Rei comentou o fato de que os olhos dela eram como olhos de pomba — tendo um só objetivo em vista. Todos os elogios dela foram dirigidos ao Rei. Podemos dizer, então, que na parte 1 ela ficou muito impressionada com o Rei, o seu amado, e mencionou isso. Mas a verdade é que o Rei é o centro de toda a experiência e que ela deve viver para ele.

Na parte 1, ela é o centro da atração, ao passo que agora a posição se inverte, e o Rei ocupa o lugar central. Ela passa a ser submissa e ocupa um lugar inferior ao do Rei e agora deve concentrar-se em satisfazer o coração do Rei, uma vez que ele já lhe pertence e ela já encontrou satisfação nele. Agora não se trata de uma questão de seus elogios de devoção e de seu encantamento pelo Rei; ao contrário, o

Amor vacilante

Rei passa a apreciar, admirar e amar a donzela. No passado, era Cristo para mim; agora sou eu para Cristo.

Dessa forma, o Senhor começa a exigir dela o fruto de seu sofrimento a fim de satisfazer o próprio coração. Nessa fase, ele dá a entender que seu desejo é que ela viva só para ele; portanto, chama-a a um lugar nas fendas da rocha e nas encostas dos montes. É isso que ele quer que ela veja.

O Senhor a chama para levantar-se, abandonar a vida de egoísmo, libertar-se de meros sentimentos sensuais, quebrar os grilhões dessa introspecção exagerada. Ele deseja que ela receba o poder da vida ressurreta e exiba ao mundo a vida santa e pura da nova criação que lhe foi concedida pela cruz. Esse não é o momento para estar na casa do vinho. É o momento em que ela precisa sair do lugar no qual se encontra e viver para o Senhor.

E por que levantar-se? Evidentemente para mudar o ponto focal da vida. A ideia é que de agora em diante todos aqueles que estão progredindo na busca pelo Senhor e que vivem no mundo não devem ter outro propósito imperativo que não seja o de receber constantemente o poder da vida ressurreta e ser exemplo da vida da cruz diante dos homens. É isso que dá plena satisfação ao Senhor e que tanto lhe agrada. Em outras palavras, a vida cristã não é uma simples alegria pessoal para ninguém. É a satisfação e o deleite do Senhor Jesus por todos aqueles que lhe pertencem.

"Pois a sua voz é suave e o seu rosto é lindo." A sugestão aqui é que havia beleza ou suavidade natural na donzela. A palavra significa que sua voz é suave e seu rosto é lindo somente quando ela se encontra nas fendas da rocha e nas encostas dos montes. Isso só ocorre quando ela ocupa seu lugar na morte da cruz e sua vida se manifesta dos lugares altos. Há uma fenda na rocha, portanto ela pode esconder-se ali. Isso retrata união — estar em Cristo.

Ir a lugares ocultos significa estar de modo pleno e completo na vida ressurreta de Cristo. Isso se chama completude de identidade. Portanto, estar unido significa unificação completa com Cristo.

"Esconderijos" ou "encostas dos montes" indicam a ascensão que os homens comuns não conseguem alcançar. "Pois vocês morreram, e agora a sua vida está escondida com Cristo em Deus. Quando Cristo, que é a sua vida, for manifestado, então vocês também serão manifestados com ele em glória" (Colossenses 3.3,4). Encostas dos montes são interpretadas como "ascensão" por alguns e "inacessíveis aos mortais" por outros. Ladeiras íngremes ou precipícios são muito altos e desafiam a resistência humana. Exigem uma subida lenta e contínua, o que difere muito do que está escrito em Efésios sobre nossa posição em Cristo — sentar-se com ele nas regiões celestiais.

No entanto, essa subida no Cântico não se concentra muito na posição que Deus nos concedeu em seu Filho, mas no modo com que nos aproximamos dela e em nossa experiência verdadeira com ela. Aqui o Senhor está exigindo vida da cruz à sua amada e uma expressão viva de sua vida ressurreta. Por exemplo: "Quero ouvi-la e vê-la!". Somente quando ela percebe sua união com ele em sua cruz é que ele é capaz de dizer que a voz dela é suave e seu rosto, lindo. A intenção da exortação do Senhor é um pedido para que ela seja conduzida pela obra da cruz e, dessa forma, lance fora todo pecado e tudo o que faz parte da vida natural. Quando todas essas

Amor vacilante

questões procedentes do velho Adão, tudo o que é natural, forem resolvidas, então aquilo que se levanta e permanece pertencerá à nova criação. É assim que a voz suave e o rosto lindo sairão das fendas da rocha e dos esconderijos.

Nestes tempos, nossa vida deve sujeitar-se todos os dias à obra da cruz e rejeitar tudo o que está em Adão. No momento atual, não é nosso dever buscar a vida ressurreta, mas nos livrar de toda aquela vida procedente de Adão. Já possuímos todos os benefícios que partem da vida ressurreta. Mas ao mesmo tempo trazemos conosco grande parte das características de Adão que frustram a alegria e a expressão dos benefícios que possuímos. Portanto, a pergunta de hoje não é quanto possuímos de Cristo, mas quanto ainda possuímos de Adão.

O *quarto* aspecto ao qual a donzela deve dar atenção é a remoção dos obstáculos.

> Apanhem para nós as raposas,
>> as raposinhas que estragam as vinhas,
> pois as nossas vinhas estão floridas. (2.15)

Uma vez que essas palavras são proferidas pelo Amado, certamente se referem às vinhas em fase de florescência mencionadas por ele no versículo 13, vinhas que produzem o fruto da vida espiritual. "Apanhem para nós as raposas" [Vamos pegar as raposas], é uma ordem expressa. As raposas grandes tentam pegar os frutos da vinha, porém as raposinhas quebram os galhos frágeis da vinha.

Embora as raposas grandes possam causar estragos, ainda temos a possibilidade de produzir alguns frutos, mas o

CÂNTICO DOS CÂNTICOS

estrago feito pelas raposinhas praticamente anula essa possibilidade. Se não formos vigilantes, a vida da cruz antes da ressurreição e a experiência da ascensão após a ressurreição poderão ser completamente destruídas pelas raposinhas.

"Pois as nossas vinhas estão floridas." As flores aparecem depois que o fruto está formado. Assim, a flor exala uma doce fragrância quando o fruto é tenro e mostra o passo inicial em direção a uma vida plena e completa em Cristo. Os começos da manifestação da vida ressurreta e da vida após a ascensão estão em estágios embrionários, mas todos são muito doces. O fruto da vida é cheio de promessas. Se não for vigiado ou protegido agora, coisas pequenas poderão prejudicar tudo.

O que são raposinhas? Todas as pequenas manifestações da vida antiga — um hábito, um olhar retrospectivo — são pequenas raposas. Não são necessariamente pecados graves. Eclesiastes 10.1 diz:

> Assim como a mosca morta
> produz mau cheiro
> e estraga o perfume,
> também um pouco de insensatez
> pesa mais que a sabedoria e a honra.

As raposinhas escondem-se atrás das vinhas. Se passarem despercebidas, poderão destruir as vinhas com facilidade. Subjetivamente falando, o primeiro passo do empecilho está na questão de seguir o Senhor. As raposinhas estragam as vinhas e impedem que produzam frutos quase sempre antes que a vida ressurreta em Cristo seja fortemente estabelecida dentro de nós. Precisamos, portanto, tomar cuidado com as raposinhas.

Amor vacilante

Ao lidar com todos os problemas pequenos — as raposinhas —, a Amada não pode resistir a eles sozinha, nem o Rei pode fazer isso sozinho. Há necessidade de cooperação. O Rei pede a ela que ambos guerreiem juntos contra essas coisas.

FRACASSO E RESTAURAÇÃO (2.16—3.5)

> O meu amado é meu, e eu sou dele;
> ele pastoreia [seu rebanho] entre os lírios. (v. 16)

Agora a Amada percebe e entende a atitude do Rei em relação a ela. Depois de ouvir sua voz e após olhar retrospectivamente para sua união completa com ele, ela expressa sua alegria. Vira a cabeça para trás a fim de recapitular as experiências do que era dela na parte 1 do Cântico. Há um único aspecto que deixa seu coração satisfeito: o Amado lhe pertence. A atitude do Amado em relação a ela é vista com total clareza, e ela sabe disso. Ele a ama ternamente. Ela também sabe que pertence ao Amado. Mas, nessa fase, ele não é seu único foco. Ela vira a cabeça para trás a fim de rememorar as experiências e, ao fazer isso, torna-se o centro de atração dela própria. (Mais adiante, em 6.3, veremos o Rei como o centro da atração, embora ela ainda se considere em posição de destaque, mas em 7.10 o Rei é o único foco da atenção, e é ali que ela se esquece totalmente de si mesma.)

O testemunho da donzela no versículo em pauta é, sem dúvida, verdadeiro; contudo, é inconsistente. Que resposta decepcionante para tudo aquilo que o Senhor falou! A questão não é se ela se expressou corretamente ou não, mas será que as palavras do Amado foram registradas em sua mente?

75

CÂNTICO DOS CÂNTICOS

Ela levantou-se e reagiu ao seu "venha comigo"? Por ser uma pessoa recém-dedicada, ela conhecia muito bem a abrangência da afirmação do Senhor a seu respeito, mas não podia esquecer tudo o que o Amado era para ela pessoalmente. Ela insistia em ser o centro da atração em vez de se dar conta de que o Senhor é o centro de tudo. Nesse ponto, no entanto, ela é tomada por um forte sentimento que lhe assegura que pertence ao Amado. Aquele foi o âmago de sua felicidade — ser o objeto do amor do Rei.

"Ele pastoreia entre os lírios." Embora ela esteja falando aqui do fato do serviço do Senhor, não há nenhum detalhe de como ele trata seu rebanho. Ela simplesmente ressalta a relação entre o Senhor e os lírios. Os lírios são aquelas pessoas de coração puro e dedicado ao Amado. Elas são a plantação do próprio Senhor — feituras peculiares do Senhor por causa de sua enorme reação a ele. (O salmo 45 é o cântico do lírio e do amor puro.) Entre um grupo como esse, o Senhor realmente alimenta seu rebanho. A donzela quer dizer o seguinte: "Eu sou o lírio dele, portanto o Senhor me ama de verdade e de maneira especial. O próprio Senhor cuida de mim e estou plenamente satisfeita". Esse é o perigo das almas maduras. Ela ressalta o que ele é para ela. Continua a concentrar a atenção em si mesma — sentindo que é um objeto especial do Amado. Mas, a julgar por suas próprias palavras, ela deixa de atender ao presente chamado e exige amor da parte dele; portanto, ele não está totalmente satisfeito com ela.

> Volte, amado meu,
>   antes que rompa o dia
>   e fujam as sombras;

Amor vacilante

seja como a gazela
  ou como o cervo novo
  nas colinas escarpadas. [ou *colinas de Beter*] (2.17)

Aqui, então, ela admite que há sombras em sua vida e, portanto, confessa seu fracasso em cumprir as exigências do Amado e satisfazer o coração dele. Ela reconhece também que a união completa com o Senhor é um tanto teórica e longe de ser percebida. Ela conhece o som de sua voz, o chamado da cruz, as exigências de uma vida celestial e triunfante, e a importância de manifestar o poder da ressurreição; agora, porém, há uma percepção de sua total ineficiência. Ela não está preparada para ir com ele, embora queira que ele venha até ela.

Portanto, ela diz ao Amado: "Espere até que as sombras fujam, então irei com você!". Ela anseia por um novo dia, um dia no qual ele retornará para ela, um dia em que as sombras desaparecerão. Por esse motivo, ela lhe pede: "Volte, amado meu". A palavra "volte" revela dois aspectos da vida interior da donzela.

Primeiro, embora os afetos espirituais estejam presentes, há um muro entre eles. Ele não está com a donzela porque ela não saiu detrás daquele muro quando ele a chamou para ir com ele.

Segundo, revela o fato de que, embora não recuse a presença do Amado, ela insiste em tê-lo perto de si, atrás do muro que a cerca, para seu bem-estar pessoal. Novamente ela procura meros sentimentos confortáveis de satisfação interior que conheceu no passado, mas deixa de atender ao desejo dele de saltar pelos montes, pular sobre as colinas.

CÂNTICO DOS CÂNTICOS

O que ela mais busca e sua maior alegria são, sem dúvida, sentimentos de felicidade interior, que impedem os exercícios da vida ressurreta. Faltava-lhe ainda aquela persistente e progressiva fé no espírito que acompanharia o Senhor aonde quer que ele fosse e onde quer que estivesse. Há ainda uma lição que ela não aprendeu e um problema que ela não é capaz de resolver nessa fase.

É aqui que ela experimenta uma revelação muito importante: ela não está necessariamente onde o Senhor está. Até agora, ela só conseguia apreciar a presença dele dentro do muro de seus próprios sentimentos. Para ela, aquele era o único e o melhor lugar para apreciar a presença do Senhor e, portanto, o ponto mais alto de sua vida. Ela ainda não conhecia a experiência inestimável da onipresença do Senhor. Saltar pelos montes poderia ser uma experiência com ele, e pular sobre as colinas poderia ser um ato realizado em meio aos seus afazeres diários, tanto em casa como no mundo. Apesar de estar ciente do fato de que ele a convidara para acompanhá-lo a todos os lugares, ela não sentia nenhum desejo de ir com ele. Sem compreender totalmente a angústia da separação, que é o significado de colinas de Beter, ela diz com indiferença: "Volte logo para mim!". Quer que ele volte para ela, mas não está preparada para ir com ele.

É lamentável o que ela perde por não ir com ele! Ela não pede força para acompanhá-lo nem procura um meio de sair das colinas de Beter (separação). Prefere tentar forçá-lo a envolver-se em suas circunstâncias e tê-lo junto a si dentro de seu pequeno círculo de conforto egoísta.

A situação, porém, torna-se totalmente diferente do que ela esperava. Quando se afasta dela, o Senhor a priva

Amor vacilante

dos agradáveis sentimentos interiores de sua presença. Na verdade, o Senhor nunca a abandonou, mas o fato de não sentir sua presença produziu nela a sensação de desamparo. O método de ensino empregado pelo Senhor para o progresso espiritual da donzela a faz entender que, se ela insistisse em que a presença viva dele fosse atraída para suas circunstâncias de caráter puramente almático, ela perderia os sentimentos confortáveis e conscientes da presença espiritual dele.

Nesse versículo, aprendemos a extensão da ausência do Senhor, mas é certo que, se não permanecermos em Cristo e não nos movermos com ele em suas circunstâncias, não teremos consciência de sua presença em nossos sentimentos ligados à emoção. Por outro lado, mesmo enquanto permanecemos em Cristo pela fé, podemos não perceber necessariamente sua presença em nossos sentimentos ligados à emoção. Essa é uma verdade a respeito de muitos crentes que, depois de experimentar numerosas e agradáveis sensações da presença do Senhor, descobrem mais tarde, sem saber o motivo, que é impossível reviver aquela fase única de experiência. Veja, quando o propósito mais nobre do Senhor é distorcido por você não o aceitar, possivelmente seu desejo de ter sentimentos conscientes não será alcançado. Sem um novo encontro com ele, e sem receber nova graça dele, você perde o que chegou a possuir. Talvez você imagine estar vivendo ainda a experiência de 1.13, mas na realidade encontra-se na triste condição de 3.1. A palavra "noite" consta dos dois versículos. Em 1.13, a donzela teve o Amado entre os seus seios a noite inteira. Maravilha! Mas, na noite seguinte, ele partiu sem que ela soubesse.

Esse era o único motivo para ela valorizar, acima de tudo, seus interesses sensíveis da presença do Senhor, porque preferia tê-lo escondido atrás de um muro de sua propriedade, a fim de manter esses sentimentos. Afastou-se deliberadamente de tudo o que pertencia ao mundo, e tudo isso à custa de ter o Senhor trabalhando ali sozinho sem a ajuda dela. O resultado foi a união incompleta com o Amado, tanto em termos dos interesses como do serviço dele. O Senhor, portanto, tinha de retirar dela esses sentimentos sensíveis de sua presença, para que ela pudesse perceber uma nova atração nele e sentisse o desejo de buscá-lo. Esse é o primeiro despertar da donzela para sair ao encontro do Amado nas circunstâncias *dele*.

> A noite toda procurei em meu leito
> aquele a quem o meu coração ama,
> mas não o encontrei. (3.1)

"Noite" aqui está no plural. O Amado ausentou-se por muitas noites sucessivas. Essa ausência, na verdade, foi além da compreensão dela. Vemos, porém, que o Senhor, ao aumentar o amor da donzela por sentimentos de comunhão com ele, a atrai para buscar aquilo que ele desejava dela. Por ter perdido os sentimentos sensíveis de sua presença, ela julgou tê-lo perdido completamente. Que tolice! Que infantilidade! Desconhecendo a intenção sublime do Senhor por ela, a donzela começa supostamente a buscar aquele que ela realmente amava. Em 3.1,2, ela fala três vezes a respeito de sua busca por ele e, em sua mente, essa busca era verdadeira. "Procurei em meu leito aquele a quem o meu coração

Amor vacilante

ama." A verdade, porém, era que ela não estava buscando o *Amado*, mas buscando apenas recuperar seus sentimentos sensíveis da presença dele. No entanto, estava buscando!

> Vou levantar-me agora
> e percorrer a cidade,
> irei por suas ruas e praças;
> buscarei aquele a quem
> o meu coração ama.
> Eu o procurei, mas não o encontrei. (v. 2)

O ato de "levantar-se" do filho pródigo em Lucas 15.18 (*Bíblia King James*) foi em relação ao Pai; aqui é o levantar de um crente maduro em relação ao Filho. Vemos em 3.1 que a donzela procura o Senhor no leito, dando a entender que não havia feito o menor esforço para sair de sua situação cômoda. Ela estava procurando no lugar errado, porque, se permanecermos em nosso leito, jamais encontraremos o Senhor.

Reconhecemos que nosso primeiro passo na experiência cristã é conhecer o Senhor na cruz. O segundo passo para aumentar a experiência espiritual é possuir Cristo como uma realidade dentro de nós, e isso traz sentimentos conscientes de comunhão e também a experiência de ser conduzido aos seus aposentos secretos e à sua casa de banquetes. O terceiro passo é permanecer constantemente em Cristo aonde quer que ele nos levar, e em tais circunstâncias não há limites de lugar, espaço ou tempo.

A Amada deu, sem dúvida, os dois primeiros passos, mas falta o terceiro. Seu leito — um lugar de descanso — proporcionou repouso. O leito era *dela*, não dele. E o

CÂNTICO DOS CÂNTICOS

Senhor estava dificultando seu descanso, porque aquele não era um descanso espiritual correto. Como alguém que nunca conheceu descanso, ela havia sido conduzida gentilmente pelo Senhor ao lugar de descanso dele, por isso ela diz em 1.16,17: "Verdejante é o nosso leito. De cedro são as vigas da nossa casa, e de cipreste os caibros do nosso telhado". Mas agora, como alguém que já conhece o descanso, o Senhor queria conduzi-la à experiência de "saltar pelos montes, pular sobre as colinas" com ele. Na tentativa de levá-la a essa condição, ele a faz sentir sua ausência no lugar inapropriado para descanso.

Agora ela percebe que sua fé foi insuficiente para acompanhá-lo, e em razão disso seus sentimentos de prazer desapareceram, portanto ela decidiu levantar-se. "Vou levantar-me agora e percorrer a cidade." Tal decisão sugere uma disposição de sair de sua atual condição de falso descanso. O Senhor lhe estava ensinando que essa condição não é o lugar de descanso verdadeiro nem o tempo para descanso em relação ao mundo. Ela precisa libertar-se desse tipo de descanso e começar a conhecer o descanso mais profundo quando seguimos o Senhor em todas as suas circunstâncias mediante o poder de sua vida ressurreta.

Foi por isso que ela disse: "Vou levantar-me agora e percorrer a cidade". (Naquela época, cidade significava Jerusalém, e refere-se a tudo que pertence à esfera celestial.). Ela deseja buscar o próprio Cristo em meio a fatos celestiais, coisas celestiais e seres celestiais. Talvez tivesse passado muito tempo estudando as muitas doutrinas das Escrituras, examinando muitos livros sobre a origem humana e participando de reuniões com pessoas espirituais. Havia feito tudo

Amor vacilante

isso. Mas não parou por aí. Levantou-se e percorreu as ruas e as praças da cidade, sempre buscando o Senhor.

Essa é a primeira evidência das afeições restauradoras. Os lugares mencionados faziam parte da cidade onde o povo se confraternizava e se comunicava. Representavam os meios da graça, uma vez que o próprio Senhor está nesses caminhos. Em outras palavras, o povo do Senhor usava normalmente lugares e meios para confraternizar-se e receber graça e bênção. Assim, ela também recorreu aos mesmos meios, que talvez tivessem incluído confissão de pecados, arrependimento, oração, jejum, reuniões com santos para confraternizar-se com eles, fé ou lealdade. No entanto, o uso desses meios não foi suficiente para lhe revelar o Senhor.

Agora ela começa a levantar a cabeça, a abandonar o leito de comodidade e a aprender o valor da comunhão com o povo de Deus, para seguir o caminho indicado por Deus. Ela não tenta mais encobrir suas necessidades nem salvar as aparências por fingimento; também não mais ressalta os meros esforços exteriores para esconder a ineficiência interior. Aprende a misturar-se com outros filhos de Deus a fim de obter ajuda para seu dilema espiritual. Até aqui ela se acostumara a receber graça apenas por um meio, isto é, seu leito de comodidade. Agora ela precisava tomar uma atitude, andar pelas ruas e praças da cidade, onde os crentes se reuniam para congregar-se; no entanto, ela ainda não o havia encontrado ali. Aparentemente ele não estava fora dos limites da cidade — a região na qual ela se encontrava — e não demoraria muito para ela o encontrar. O problema era simplesmente uma questão de tempo, de uma busca paciente durante um período.

> As sentinelas me encontraram
> quando faziam as suas rondas na cidade.
> "Vocês viram aquele a quem
> o meu coração ama?", perguntei. (v. 3)

As sentinelas eram um grupo de homens que protegiam a cidade na escuridão. Eram homens escolhidos e encarregados por Deus de cuidar do seu povo, como está escrito em Hebreus 13.17: "Obedeçam aos seus líderes e submetam-se à autoridade deles. Eles cuidam de vocês como quem deve prestar contas. Obedeçam-lhes, para que o trabalho deles seja uma alegria e não um peso, pois isso não seria proveitoso para vocês". As sentinelas que faziam rondas na cidade haviam aprendido muito sobre assuntos espirituais. Pode ser que algumas tenham prestado uma pequena ajuda à donzela em tempos passados. Ela não foi procurá-las, mas, em razão do cargo que ocupavam e da confiança depositada nelas pelo Senhor, elas a conheceram e a encontraram. E, ao refletir no assunto, a donzela pensa que talvez pudessem ajudá-la agora na busca por aquele a quem sua alma amava.

As sentinelas, no entanto, não podiam fazer muito mais do que indicar o caminho para chegar até ele ou fornecer instruções corretas. Para encontrar o Senhor, é necessário que você mesmo o procure. Nenhuma sentinela pode fazer isso em seu lugar. Veja, quando você procura sentinelas, talvez não esteja procurando o Senhor. Cada alma que busca o Senhor precisa estar em sintonia com ele e, da mesma forma, precisa que ele esteja em sintonia direta com ela. Às vezes, as sentinelas ajudam, mas em outras ocasiões, não. Se for verdade que o Senhor está em sintonia direta com você, mas sua

Amor vacilante

confiança for maior nas sentinelas, o resultado será decepção e insatisfação contínuas. Você precisa entender que o caminho que leva àquele a quem o coração ama é, paradoxalmente, afastar-se das sentinelas. Talvez você também seja semelhante à Amada. Observe, então, um detalhe: só depois de passar pelas sentinelas e andar um pouco mais é que ela encontra aquele a quem o seu coração ama. Andar pelas ruas da cidade e encontrar ajuda é, sem dúvida, necessário, mas isso não a conduziu ao Senhor. O Senhor queria que ela andasse de um modo espiritual, solitário. Assim, na experiência vital, a ajuda da sentinela pode não ter nenhuma utilidade, ou talvez chegue a um fim, no objetivo maior de encontrar o Senhor.

> Mal havia passado por elas,
>> quando encontrei aquele a quem
>> o meu coração ama.
> Eu o segurei e não o deixei ir,
>> até que o trouxe
>> para a casa de minha mãe,
> para o quarto daquela que me concebeu. (v. 4)

Podemos perguntar: que importância existe nesse encontro da donzela com o Amado? Não há nenhuma indicação de que ela tenha procedido corretamente ao andar pela cidade nem que lhe fosse adequado percorrer as ruas. Também não há nenhuma indicação de que a confissão de seu fracasso diante das sentinelas tenha sido completa e aprovável. O mais certo é que havia muitas lições para ela aprender. Além de ocupar um lugar vital no coração do Senhor, ela era alguém a quem a mão dele segurava. No entanto, isso não significa que ela havia alcançado a marca da perfeição por ter ido novamente ao encontro do Senhor. Mas indica que o Senhor sabia até que ponto ela suportaria a provação naquela fase específica. Embora de forma incompleta, o Senhor se agradou de ser encontrado por ela em razão de sua busca infatigável por ele. Em razão disso, a atual experiência de provação e sofrimento da donzela chegou ao fim.

Depois de pouco tempo, ela seria conduzida a percorrer um trecho maior do caminho que leva à maturidade espiritual, que continuava adiante dela. Para alguém que ainda não alcançou a união completa — como indicado em sua busca por ele, é difícil fugir das impurezas e imperfeições, mas dessa vez o Senhor não a está disciplinando por causa disso. Naqueles passos iniciais da experiência espiritual, o Senhor mostrava-se disposto a permitir que aqueles que buscam encontrem, embora a busca da donzela carecesse de certa qualidade espiritual. Aqui, como está escrito em Ezequiel (cap. 47), o Senhor a fez atravessar a água medida. Parece que o Senhor havia medido essa porção de água e permitido que sua amada a atravessasse. Essa parte do caminho estava de acordo com a medida limitada do Senhor à atual condição da donzela.

"Eu o segurei e não o deixei ir." Agora ela tem certeza de que encontrou aquele a quem havia perdido e está decidida a segurá-lo com firmeza para não o perder, como ocorrera antes. Dessa vez ela precisa estar alerta e vigilante para mantê-lo perto dela. Apesar de ter percebido que deveria sair e estar com o Senhor onde ele estivesse e nas circunstâncias em que estivesse, ela ainda o deseja em seus sentimentos, ao passo que o admira no coração. A lição de ir ao encontro dele ainda não foi aprendida. Ela levantou-se, mas não foi

Amor vacilante

ter com ele. Ainda não havia aprendido dar ao Senhor a liberdade de ir e vir como lhe agrada. Ela não sabe que é impossível ter vida de fé verdadeira e, ao mesmo tempo, sentimentos vivos permanentes da presença do Senhor.

A donzela deseja segurá-lo e mantê-lo junto a ela. Ainda não entende que, para tê-lo presente em nossos sentimentos, precisamos dar-lhe a liberdade de ir e vir como lhe agrada. Quando lhe agrada, temos sentimentos confortáveis de sua presença; mas, quando não lhe agrada fazer isso, precisamos dar-lhe liberdade em vez de segurá-lo ou segurar tudo o que ele é por pura obstinação. Ela ainda não entende isso, mas, em seus sentimentos, a presença dele é supremamente boa. Não há um entendimento verdadeiro a respeito do caminho e da vida de fé, portanto ela se apega a ele e não o deixa ir embora. No entanto, quando nos apegamos ao Senhor por meios carnais, é uma indicação de que esse "eu" carnal precisa ser tratado. A busca espiritual dá ao Senhor a liberdade que lhe agrada. A busca almática visa a interesses egoístas, embora o que se procura seja a presença do Senhor.

O Senhor, contudo, trata cada um de acordo com a capacidade individual. Embora a Amada tenha muitas lições a aprender e haja muitos assuntos que ela não entenda, ele leva em consideração o fato de que havia um renascimento em suas afeições e, dessa forma, está disposto a ser encontrado por ela, ser segurado por ela e até ser conduzido por ela. No que diz respeito à aceitação e ao cumprimento de seus ideais, ela havia passado por sofrimentos e experiências suficientes para provar que tudo era real, e esses sofrimentos e experiências não foram em vão.

No entanto, pelo fato de ela não discernir o que pertence ao espírito e o que pertence à alma, o Senhor concorda em encontrá-la naquela situação e não a culpa de nada.

"Até que o trouxe para a casa de minha mãe, para o quarto daquela que me concebeu." Apesar de grande parte da vida ensimesmada da donzela estar misturada com seus desejos espirituais, o Senhor graciosamente permitiu um pouco de alegria por causa da nova intensidade e vigor em suas afeições por ele. Agora ele é conduzido por ela à casa de sua mãe e ao quarto onde ela foi concebida. Se "casa da mãe" é o sistema de graça, então o quarto onde ela foi concebida indica, sem dúvida, o amor de Deus. Deus usou o princípio da graça e o coração de amor para impulsioná-la. Agora ela deseja segurar e possuir sua presença no sentido verdadeiro de sua graça e amor. Em forma de cântico, isto é, com o coração cheio de louvor, ela conduz o seu Senhor a um lugar secreto. Ela é uma donzela virgem; portanto, não existe melhor lugar que a casa de sua mãe. Essa é a conscientização de que ela pode possuí-lo somente pela graça.

Esse assunto encerra outra parte, que a leva a alegrar-se na presença do Senhor e a segurá-lo com muita energia, embora ainda se encontre em estado de imperfeição. Vemos que o Senhor continua em estado passivo em relação a ela. É necessário que ela passe um período de tempo nesse estágio de desenvolvimento em suas afeições espirituais.

Mulheres de Jerusalém, eu as faço jurar
    pelas gazelas e pelas corças do campo:
Não despertem nem incomodem o amor
    enquanto ele [ela] não o quiser. (v. 5)

Amor vacilante

Mais uma vez, o Senhor exorta aqueles que estão em estado de graça menor e são capazes de interferir no desenvolvimento espiritual de sua amada. Após esse tempo de exercício e provação, o Senhor daria a ela um período de tranquilidade. Entende-se que ele próprio está lidando com ela e que não há necessidade de nenhuma ajuda externa; portanto, ninguém deve incomodá-la. Ela empenhou-se muito para aprender as lições e agora está a caminho de alcançar um verdadeiro progresso espiritual. O exercício normal de amor não permite interferências. A donzela aprendeu algo do que foi mencionado no capítulo 2 sobre o poder e a plenitude da vida ressurreta, e a vida da cruz. Embora não esteja totalmente perfeita, ela aprendeu essas três lições e, em consequência disso, o Senhor está pronto para elogiá-la.

Parte 3 (3.6–5.7)

Amor crescente

A NOVA CRIAÇÃO (3.6—4.6)

A parte anterior encerrou mencionando que a donzela havia conduzido o Amado à casa de sua mãe e ao quarto onde foi concebida. Evidentemente, o Senhor permaneceu ali por um tempo, indicando que aquele devia ser um lugar propício para ele descansar. O fato de a donzela não ter permitido que ele partisse continha um elemento que não era o melhor, mas, mesmo assim, aquele lugar podia ser considerado tolerável para ele. A implicação sugerida aqui é que tudo o que a donzela fazia agora provinha de um senso de amor e graça. Ela, por sua vez, começou a perceber a vaidade do "eu" e viu que tudo o que desfrutava era proveniente do amor de Deus e que tudo fazia parte da graça por ele concedida. Quem é capaz de dizer quantas lições aprendemos no amor e na graça de Deus? Quão ilimitadas e imensuráveis são as lições que nos foram ensinadas pelo Senhor Jesus Cristo no amor e na graça de Deus!

Consequentemente, a Amada, na condição atual de um espírito em repouso e na alegria da presença do Senhor na casa de sua mãe e no quarto onde foi concebida, começa a reconhecer e a apreciar as lições que precisava aprender (parte 2). Porque Deus, por sua graça e amor, a capacitara a conhecer o que ele buscava nela. Todos nós sabemos que, quando alguém busca o Senhor, experiências como as descritas na parte 2 podem variar de uma ocasião solitária até vários momentos semelhantes. O Espírito de Deus não mantém um registro de tais experiências. Embora não se possa evitar os repetidos fracassos e as repetidas disciplinas, todos os caminhos que o Senhor percorre conosco originam-se de seu amor e de sua graça. Não importa se erramos ou recebemos a disciplina dele, há sempre propósito dentro do amor de Deus e socorro dentro de sua graça. Precisamos, portanto, deixar de nos concentrar em nossas experiências. A donzela recebeu o suficiente, porque, depois de todos os fracassos e disciplinas, ela agora permanecia dentro do amor e da graça de Deus, sempre vibrantes com a vida e sempre envolvidos em atividade positiva.

Nessa parte (3) percebemos imediatamente um progresso sem precedentes. Tanto a vida como o modo de viver da donzela elevaram-se a um nível novo e mais alto. A esse respeito, há três itens a serem considerados.

O *primeiro* é sua completa união, revelada em 3.6-11.

As palavras dessa passagem não são proferidas pelo Amado nem pela Amada. São palavras do Espírito Santo proferidas pela boca de alguns habitantes de Jerusalém quando veem uma procissão se aproximando. Um deles faz uma pergunta (v. 6) e os outros três respondem (v. 7,8,9,10,11), cada um revelando-nos uma parte da cena diante deles.

Primeiro, temos a pergunta:

Amor crescente

O que vem subindo do deserto,
  como uma coluna de fumaça,
perfumado com mirra e incenso
com extrato de todas as especiarias
dos mercadores? (v. 6).

O que se vê é a aproximação de uma nuvem de pó a distância, procedente do deserto e levantando-se como uma coluna de fumaça. Veremos a seguir que se trata de uma procissão de homens poderosos carregando, entre outras coisas, uma liteira ou palanquim, que transporta o rei Salomão e sua donzela amada. Ele a traz do deserto, que faz fronteira com o Egito. O deserto é um lugar onde se anda ao léu, mas agora ela está saindo aos poucos daquela vida e, passo a passo, deixando para trás uma vida de perambulação para entrar no descanso do Senhor. Agora ela deseja viver de tal modo que a vida celestial possa ser manifestada e expressa por seu intermédio.

O aparecimento dessa procissão descreve como a Amada se apresenta quando viaja com o Amado rumo a Jerusalém, a cidade de paz (v. Hebreus 7.2). E como é aquilo? Lemos: "como uma coluna de fumaça". A fumaça é produzida e liberada pela ação do fogo, como vemos em Joel 2.30, e indica o poder do Espírito Santo revestindo a donzela de nova força. A fumaça em si é facilmente dispersada, mas aqui aquela matéria fraca transforma-se em uma coluna. Isso dá a entender que a donzela adquire nova firmeza por ter sido cheia do poder do Espírito Santo. O homem em seu estado natural é muito fraco e inconstante, mas aqui a donzela assemelha-se a uma coluna. A graça é forte nela. A coluna fala da segurança e da força comprovada, como em Apocalipse 3.12a: "Farei do vencedor uma coluna do santuário do meu Deus".

A menção da palavra "mirra" indica os sofrimentos e a morte do Senhor Jesus e o fato de que a donzela havia experimentado subjetivamente o valor daqueles sofrimentos e daquela morte. Assim, ela carrega o doce odor e a fragrância da cruz em sua vida, como escreveu o apóstolo Paulo em Filipenses 3.10. Ser "perfumada" com essa fragrância significa que ela primeiro a absorveu a fim de exalar seus odores naturais que eram como os daquela fumaça — as emanações do que estava queimado! Era o poder expulsivo de uma nova afeição. Isso se refere a uma experiência interior que primeiro removeu de dentro dela tudo o que era ofensivo, e depois ao fato de ter sido habitada pelo Espírito de Deus para que pudesse exalar a fragrância de Cristo.

"Incenso" no texto fala de outra especiaria suave e aromática e indica o Senhor Jesus em sua vida ressurreta e triunfante, com referência especial à sua vida de oração intercessora como um sumo sacerdote vivo. É essa vida de oração do Senhor Jesus que se levanta como um suave aroma em direção a Deus. O fato mais esplêndido é que o nosso Senhor primeiro viveu aqui na terra e depois morreu, ao passo que em nosso caso precisamos primeiro nos identificar com ele em sua morte a fim de que sua vida seja liberada por nosso intermédio. Ele viveu, depois morreu; nós morremos (espiritualmente falando), depois vivemos. É por isso que a mirra é mencionada antes do incenso.

"Com extrato de todas as especiarias dos mercadores." No original, a palavra "mercadores" encontra-se no singular.

Quando ligada a Mateus 13.45, aponta para o Senhor Jesus. Entendemos que a Amada não possui apenas o que é representado pela mirra e pelo incenso, mas também que possuía as riquezas da vida glorificada do Senhor Jesus — tudo o que ele era e possuía. O Senhor era o mercador que a enriquecera e que lhe vendera tudo aquilo de que ela necessitava. O mercador não oferece nada grátis — ele vende. Portanto, ela obteve essas preciosidades da graça do Senhor mediante um preço. O preço pago foi uma obediência e devoção que resistiram a todas as provações. Em troca disso, ela recebeu do Senhor as virtudes perfumadas de sua vida. Tudo isso foi um complemento dos valores já recebidos da morte e ressurreição do Senhor.

> Vejam! É a liteira[1] de Salomão,
> escoltada por sessenta guerreiros,
>   os mais nobres de Israel;
> todos eles trazem espada,
>   todos são experientes na guerra,
> cada um com a sua espada,
>   preparado para enfrentar
>   os pavores da noite. (v. 7,8)

Essa é a primeira resposta à pergunta do versículo 6.

O primeiro objeto visto com clareza não foi a carruagem ou o palanquim no qual o rei Salomão estava sentado, mas a liteira ou o leito onde ele e a Amada descansavam em sua tenda à noite. E qual o significado disso em relação ao nosso Senhor? Certamente fala de seu triunfo sobre todos

---

[1] No original, leito. [N. do T.]

os seus inimigos e que ele chegara ao lugar de descanso. A cama é seu descanso da vitória. Mas aqui na terra ainda é noite, e uma intensa escuridão prevalece. Dentro desse reino de trevas, há poderes muito hostis que tendem a afrontar o descanso do Senhor na terra. Aqui, no entanto, vemos que o rei Salomão podia ainda aproveitar seu descanso, apesar dos alarmes e avisos da noite que chegavam em razão das forças hostis e opositoras. O leito, então, representa e registra a vitória do Senhor Jesus sobre todos os principados e poderes das trevas. Ele chegou ao lugar de seu descanso.

"Escoltada por sessenta guerreiros [...] todos são experientes na guerra, cada um com a sua espada." São homens poderosos de Israel, veteranos em guerra espiritual. Se juntarmos todos os fatos dessa descrição figurada e complexa, uma ideia se destaca. É a ideia de que Salomão estava bem preparado para lidar com alarmes, avisos ou investidas contra seu descanso, provenientes dos poderes das trevas. Salomão sabia lidar com qualquer força que se levantasse e sabia lidar com ela de forma que não perturbasse seu descanso. Em outras palavras, nenhum ataque do inimigo o surpreendia, e ele aproveitava o descanso de sua vitória porque havia homens poderosos e com força espiritual guardando-o.

Pode surgir uma pergunta a respeito de como a donzela se portou diante de todos os perigos da noite. A resposta é: simplesmente da mesma forma que Salomão. Ela e Salomão estavam tão identificados um com o outro nessa fase que havia uma perfeita unidade entre eles. O que era dele, era dela. O que ele desfrutava, ela também desfrutava. Isso se chama união. A união instrui-nos que, assim como a donzela amada se identificava com Salomão em seu descanso

Amor crescente

perfeito, as pessoas consagradas de hoje podem partilhar e desfrutar o descanso que o Senhor Jesus conquistou depois de derrotar Satanás e todas as suas hostes. Hoje também há numerosos anjos e pessoas fiéis na terra totalmente preparados e prontos para, em qualquer emergência, defender o descanso e a vitória do Senhor por meio de afeições fervorosas e força espiritual.

> O rei Salomão fez para si uma liteira;[2]
> ele a fez com madeira do Líbano.
> Suas traves ele fez de prata,
>   seu teto[3], de ouro.
> seu banco foi estofado em púrpura,
> seu interior foi cuidadosamente preparado
>   pelas mulheres de Jerusalém. (v. 9,10)

Essa é a segunda resposta àquele que falou no versículo 6. Menciona o próximo objeto a ser visto com clareza: a liteira.

O leito de Salomão era o que ele usava e desfrutava à noite. Seu descanso em tal tranquilidade era uma demonstração ao inimigo de que nada poderia perturbá-lo. Agora vemos sua "carruagem". Esse era o meio de transporte na época e refere-se às movimentações do rei em comunhão com seus amigos.

A "carruagem" é um palanquim; não é uma carruagem movida com rodas, mas uma liteira coberta ou semelhante a uma caixa sustentada por varas compridas, apoiadas nos ombros de homens vivos. Isso nos lembra a arca da aliança

---

[2] Ou "uma carruagem" (*Bíblia King James*). [N. do E.]
[3] Ou "o fundo" (*Bíblia King James*). [N. do E.]

que nunca era puxada sobre um carro de bois, mas carregada nos ombros dos filhos de Coate. A implicação é clara e significa que os movimentos de nosso Senhor ressurreto são carregados por aqueles que lhe pertencem e que estão vivos porque ele vive. Não existe serviço mais glorioso que esse.

A liteira era feita de cedro do Líbano. Nas Escrituras, a madeira sempre representa a natureza humana. O cedro é a madeira superior e indica a humanidade superior de nosso Senhor — alta, nobre, majestosa, elevando-se nas alturas em valor espiritual acima dos homens comuns. A madeira do cedro indica aquela excelência e elevação de caráter moral que sempre marca os movimentos do Senhor.

As traves de prata da liteira falam da graça da redenção que se destaca onde quer que ele se movimente. Objetivamente falando, é uma figura de Cristo trazida para a história humana a fim de realizar a redenção por meio de sua morte; subjetivamente ressalta a obra da cruz na vida do crente, que não permite nenhuma atividade carnal. O princípio da cruz torna a carne inoperante e, assim, torna possível a vida de Cristo.

O fundo da liteira era de ouro, o que significa que o chão do movimento estava no caráter divino e se originava de Deus, de modo que todos os seus movimentos apresentavam as características distintas da natureza divina. A vida santa de Deus, da qual nos tornamos participantes quando nascemos do alto e que obtivemos naquele momento em que nos identificamos com o Senhor em sua morte, é um alicerce sobre o qual o Senhor Jesus pode permanecer e movimentar-se para realizar seu propósito. Fora da dádiva da vida do próprio Deus a nós, não temos local ou posição sobre o qual o Senhor possa se movimentar.

Amor crescente

O banco, ou "assento", era de púrpura e expressa a verdade de que o Senhor é Rei e se move com a autoridade de um soberano. Ele reina. O governo está sobre seus ombros, portanto ele se senta no trono e tudo governa. Finalmente, o interior da liteira foi cuidadosamente preparado pelas mulheres de Jerusalém, o que fala do amor de todos os santos pelo Senhor. A afeição total deles é o veículo para que o Senhor se movimente e siga em frente.

A liteira, portanto, com seus pilares, fundo, assento e obra de amor, era a carruagem de Salomão, mas também o veículo de transporte de sua noiva. Não somente a liteira lhe pertencia, mas aquele que estava sendo transportado nela: o próprio rei Salomão. E a liteira não era apenas um veículo para ela usar como meio de transporte, mas representava aquilo no que ela se tornara e o que o rei fizera nela por meio de sua graça.

Vemos, assim, que o Senhor encontra seu lugar de movimentação nas afeições maduras de sua noiva e é conduzido a realizar seu propósito por elas. Tais afeições dão total apoio a cada movimento dele. Como era perfeita a união entre Salomão e sua amada! Não é de admirar que, quando lhe perguntaram sobre sua situação confortável, ela ressaltou como estava agora com Salomão. Diante do que ela se tornara, ele poderia agir para alcançar seu objetivo final.

Um quarto cidadão de Jerusalém fala agora, usando palavras de exortação:

> Mulheres de Sião, saiam!
> Venham ver o rei Salomão!
> Ele está usando a coroa,

a coroa que sua mãe lhe colocou
no dia do seu casamento,
no dia em que o seu coração se alegrou (v. 11).

"Mulheres de Sião" indicava aqueles que amavam e reconheciam ser responsáveis pelos outros e que tinham conceitos especiais sobre a soberania do Senhor. A coroa mencionada não é a coroa de glória nem a coroa do reino milenar de Cristo. Também não representa seu poder e autoridade para governar como Rei. É uma coroa das coroas que a mãe de Salomão lhe concedeu por causa de sua união com a donzela amada.

Embora o casamento ainda não tivesse sido consumado, essa coroação era uma coroação de alegria a respeito da donzela que ele escolheu e elegeu. O Novo Testamento menciona duas coroas. Uma representa o poder glorioso do supremo domínio e autoridade de nosso Senhor; a outra é aquela da gloriosa alegria que o apóstolo menciona em 1Tessalonicenses 2.19,20. A coroa aqui é a coroa da alegria que o Senhor Jesus possui em razão daqueles que o desposaram. Diante dele, como Rei, eles são como uma coroa que alegra seu coração. A partir daí, ele considera sua noiva escolhida como uma coroa preciosa para seu louvor e glória.

A palavra "mãe" no texto possui vários significados possíveis, como Israel ou o sistema de graça. Mas, do ponto de vista da experiência pessoal, parece mais apropriado considerá-la uma palavra referente à raça humana como um todo. Deus é descrito como o Pai de nosso Senhor Jesus Cristo, mas o corpo humano de Cristo foi formado de uma mulher da raça humana — um ser humano escolhido. Em parábola, isso apontava para o fato de que o

Amor crescente

Senhor obteve a raça humana total — sua mãe — alguém que é seu corpo e que deverá ser sua noiva — alguém que satisfaz seu coração.

É nesse ponto que a revelação é concedida à donzela e que ela e o Rei entram para os abraços reais do casamento. O amor e a alegria supremos que brotam do casamento virão após a união final e completa, mas, em termos bíblicos, podemos dizer que essa alegria surge quando temos total identificação empírica com o Senhor nessa união de afeição. Com a comemoração de tais bodas, o Senhor é como alguém coroado com alegria. Isso encerra os comentários dos quatro observadores que mencionamos.

Segundo, observamos a beleza da nova criação em 4.1-5. No registro das muitas e variadas experiências da donzela em sua história anterior, o Rei sempre a encorajava por meio de elogios, como em 1.15a: "Como você é linda, minha querida! Ah, como é linda!". Agora ele reitera sem reservas essa declaração em razão daquela experiência singular em 3.6 na qual ela alcançou uma união perfeita com ele. Agora é certo que ela não voltará a elogiá-lo por interesses egoístas, para que nessa fase os elogios dele a ela sejam daqui em diante sem restrições. Ele, portanto, reitera seu elogio de modo mais evidente:

Como você é linda, minha querida!
Ah, como é linda! (4.1a).

Seguem-se imediatamente sete descrições desse elogio, que expressam as características dos que estão em Cristo depois de terem alcançado uma união final e completa com ele. Agora há muitas coisas atraentes ao Senhor, e tudo é produto de sua graça e amor.

A primeira característica são os olhos dela.

> Seus olhos, por trás do véu, são como pombas. (v. 1b)

Isso é percepção. A característica mais ressaltada naqueles que caminham rumo à maturidade espiritual é a capacidade de perceber as coisas do espírito. Os olhos das pombas são também únicos. As pombas enxergam apenas uma coisa em seu âmbito de visão e por esse motivo e nesse sentido o Espírito Santo é comparado a uma pomba. Ele possui a perfeição do discernimento espiritual e mantém o Senhor sempre em vista.

Há, porém, um grande perigo aqui para os crentes que possuem essa capacidade. O perigo está em não ter nenhuma cobertura para suas percepções espirituais e, dessa forma, tendem a exibir-se perante o mundo. A noiva, como podemos chamá-la agora, possui aqueles olhos que ficam "por trás do véu". As pessoas do mundo não conseguem ver nem entender o que o crente com discernimento espiritual vê. Desconhecem a existência dessa aptidão. Se não houver uma cobertura por trás dessa capacidade espiritual, será fácil alguém expressar de modo imperfeito aquilo que alguém vê pela percepção espiritual. Essas coisas só podem ser compreendidas pelas pessoas espirituais.

Os olhos por trás do véu não são visíveis ao público em geral. As percepções espirituais, portanto, necessitam estar ocultas do mundo, porque as pessoas cujos interesses estão no mundo não entendem essa aptidão e imaginam que os crentes não possuem nenhuma capacidade além das

Amor crescente

que elas próprias possuem. Alguns crentes agem de modo tolo quando expressam, sem discriminação e quase sempre de modo leviano, as coisas que receberam do Espírito de Deus. Se não houver entendimento espiritual suficiente, eles precisam estar cientes disso e confessar seu conhecimento limitado do poder e da obra do Espírito Santo.

Quanto maior for a porção que tivermos da vida do Espírito, maior será a visão semelhante à da pomba. A verdadeira percepção espiritual origina-se da terceira pessoa da Trindade. Frequentemente é necessário manter esse senso espiritual por trás do véu para que ele se torne uma beleza que o Senhor possa apreciar e elogiar. É muito comum esquecermos que até os olhos de nosso entendimento espiritual são para a alegria e satisfação somente do Senhor Jesus!

A segunda característica é o cabelo.

> Seu cabelo é como um rebanho de cabras
> que vêm descendo do monte Gileade. (v. 1c)

O cabelo indica consagração especial e obediência, como no caso dos nazireus (v. Números 6). No caso de Sansão, que era nazireu, o cabelo comprido era um símbolo de sua consagração e um testemunho de que ele foi totalmente entregue a Deus. Essa consagração especial torna-se nossa força, e essa força manifesta-se diante dos homens como tranças que podem ser facilmente vistas por eles. A medida, a completude e a pureza de nossa consagração determinam o grau e a medida de nossa força diante dos homens. A separação como sendo uma oferta santa ao Senhor é a origem da força espiritual.

O cabelo tem outro significado nas Escrituras. É o símbolo de uma cobertura. O cabelo da mulher possui significado idêntico ao cabelo comprido do nazireu. Expressa uma posição de submissão. É necessário nos entregarmos inteiramente ao Senhor e cobrirmos tudo o que faz parte de nossa criação original e de nossa vida carnal a fim de que somente a imagem e a semelhança de Deus se manifestem. Tal submissão ao Senhor corre, da parte de cada crente, paralelamente à submissão da mulher ao homem, e é o único meio pelo qual podemos mostrar a autoridade de Cristo ao mundo.

"Como um rebanho de cabras que vêm descendo do monte Gileade." As cabras são brancas em gera e, quando mencionadas nas Escrituras, são usadas principalmente como ofertas pelo pecado. É possível ver rebanhos de cabras nas encostas do monte Gileade, onde existe muita grama. "[...] ele pastará [...] e saciará o seu apetite [...] em Gileade." (Jeremias 50.19.) "Pastoreia o teu povo [...] em Gileade." (Miqueias 7.14.) Esse versículo refere-se, portanto, à noiva sendo bem alimentada e pronta para ser oferecida a qualquer tempo. Por onde, perguntamos, a consagração mais se manifesta? Não é onde as almas estavam em ricas pastagens e recebiam alimento da mão da graça do Senhor? Todos os pensamentos referentes ao cabelo indicam uma oferta consagrada e dedicada de nós mesmos ao Senhor, e nessa dedicação encontram-se a força e a obediência do crente.

A terceira característica são os dentes.

> Seus dentes são como um
> rebanho de ovelhas recém-tosquiadas
> que vão subindo do lavadouro.

Amor crescente

Cada uma tem o seu par;
não há nenhuma sem crias. (v. 2)

Os dentes indicam capacidade de apropriação. É com eles que mastigamos os alimentos. Aqui, no entanto, não há nenhuma referência ao alimento em si, mas somente uma revelação da capacidade de ingeri-lo. O Senhor deixa muito claro em sua Palavra que proporciona alimento suficiente para nosso bem-estar espiritual. A dúvida está em nossa habilidade de nos apropriar de sua provisão e usar o que ele provê. A habilidade e a capacidade de fazer isso se referem não apenas a um bebê, mas também aos crentes maduros, aqui representados pela noiva. Somente o adulto possui dentes fortes para uma boa mastigação.

Por que a sugestão de "um rebanho de ovelhas"? Aparentemente deve referir-se ao fato de que as ovelhas se alimentam em pastagens e sabem distinguir o que é bom para elas e o que não é. Existe dentro do crente algo que pertence a Cristo, e alguém precisa apropriar-se daquilo que deriva dele antes dessa habilidade de discriminar qual é a pastagem dele e qual é o alimento que ele provê. Temos de possuir aquilo que é de Cristo antes de receber e desfrutar as coisas de Cristo.

Nas Escrituras, a lã indica vida carnal e zelo natural. Na época do Antigo Testamento, quando entravam no Lugar Santo, os sacerdotes eram proibidos de trajar roupas de lã. Tinham de usar roupas de linho. O linho fino branco era típico da justiça de Cristo transmitida pelo Espírito Santo quando nossa vida natural é removida ou reconhecida como inoperante pela cruz. Aqui, então, o fato de que os dentes da noiva eram como um rebanho de ovelhas recém-tosquiadas sugere que a força e a capacidade dela de apropriar-se da provisão espiritual não era absolutamente uma coisa natural. Quando buscamos o Senhor de modo mais profundo, não estamos tentando receber sua graça ou verdade de sua Palavra por meio de capacidade natural, zelo ou persistência. O fato de seguirmos nossos desejos naturais, independentemente de nossa condição espiritual, não receberá a aprovação do Senhor. As ovelhas recém-tosquiadas e saídas do lavadouro são, em geral, brancas e ordeiras. Isso mostra o desejo da noiva de ser totalmente lavada de tudo o que for inconveniente, para andar em ordem nos caminhos do Senhor.

"Cada uma tem o seu par." A frase apresenta uma descrição verdadeira da boa ordem como encontramos na formação dos dentes, o que sugere uma força uniforme e corretamente progressiva na capacidade de apropriar-se de algo. "Par" dá a ideia da capacidade boa e ordeira de receber as coisas do Senhor. Nossos dentes naturais surgem aos pares e, assim, temos a referência aos dentes da noiva produzindo gêmeos (*Bíblia King James*). Esse detalhe confirma o fato de que a força e a capacidade de apropriação eram uniformes e de modo ordenado.

A quarta característica são os lábios.

> Seus lábios são como um fio vermelho;
> sua boca é belíssima. (v. 3a)

Os lábios significam expressão. Assim como os dentes são instrumentos para receber e mastigar os alimentos concedidos pelo Senhor, os lábios são veículos para expressar o que foi recebido dele. Na nova criação, o Senhor não presta apenas atenção às nossas percepções espirituais, à nossa dedicação e ao nosso alimento, mas também à nossa expressão. "Um fio vermelho" contém dois aspectos da verdade.

O primeiro indica redenção, como quando Raabe "amarrou o cordão vermelho na janela" (Josué 2.21). O outro aspecto é o da autoridade, como em Mateus 27.28,29: "Tiraram-lhe as vestes e puseram nele um manto vermelho; fizeram uma coroa de espinhos e a colocaram em sua cabeça. Puseram uma vara em sua mão direita e, ajoelhando-se diante dele, zombavam: 'Salve, rei dos judeus!' ".

Há, portanto, na linda expressão verbal a respeito da noiva, uma evidência de que, por um lado, sua vida havia sido purificada e, por outro, seus lábios estão sob a autoridade de seu Rei. Que grande diferença há nas palavras proferidas pelos idólatras que rejeitam a autoridade do Senhor e dizem: "Venceremos graças à nossa língua; somos donos dos nossos lábios. Quem é senhor sobre nós?" (Salmos 12.4). Nossos lábios necessitam passar pelo processo de redenção mediante a submissão à autoridade de Cristo, o Rei. Não devem falar a esmo ou sem controle, mas precisam expressar a pureza e a virtude da vida de Cristo. Se não formos redimidos e conduzidos à maturidade espiritual, nossos dentes, que surgiram dentro de nossa boca, morderão e mastigarão o alimento errado, e a palavra que sair dos lábios não será correta.

A quinta característica são as faces.

> Suas faces, por trás do véu,
> são como as metades de uma romã. (v. 3b)

As faces indicam beleza. A palavra pode também ser traduzida por "têmporas". São as faces que mostram beleza. São também as partes de nosso rosto que mostram com mais clareza as emoções de alegria, raiva, tristeza ou contentamento. Todas essas emoções são claramente exibidas aos outros nas expressões faciais.

"Por trás do véu, são como as metades de uma romã." A referência a metades de uma romã, não a uma romã inteira, significa aquilo que foi aberto e exposto. A romã na linguagem bíblica indica plenitude de vida por causa de suas numerosas sementes, cada uma suculenta, doce e vermelha. É maravilhoso ver essa bela aparência e fruto na vida de um crente graças à plenitude da vida de Cristo dentro dele. No entanto, essa beleza e frutificação estão ocultas do mundo, porque se encontram "por trás do véu" ou "entre as tuas tranças" (*Bíblia King James*). Em outras palavras, quem pode apreciar tais qualidades espirituais, a não ser o próprio Senhor? Embora os crentes estejam no mundo e um bom nome seja bastante desejável como um complemento necessário ao nosso testemunho, que é o de brilhar diante dos homens, a motivação desse desejo não é uma exibição de si mesmo — não é estar "diante dos homens, e de ser visto por eles". O único lugar onde o crente está realmente em exposição é por trás do véu, por trás das portas e na presença do Senhor. Esse é sempre o princípio básico na vida do crente.

A sexta característica é o pescoço.

> Seu pescoço é como a torre de Davi,
>   construída como arsenal.
> Nela estão pendurados mil escudos,
>   todos eles escudos de heroicos guerreiros. (v. 4)

Amor crescente

O pescoço representa a vontade do homem. O que o homem faz por vontade própria, e se torna orgulhoso e incansável nessa busca, é chamado nas Escrituras de andar de cabeça erguida (v. Isaías 3.16) ou andar com o pescoço esticado (*Bíblia King James*). O pescoço da noiva representa vontade de submeter-se à vontade do Senhor. Para ele, essa submissão é uma bela característica.

Nas palavras do texto, há um significado duplo. "Seu pescoço é como a torre" é a primeira ideia. Significa que a noiva escolhida do Senhor não é corcunda nem anda com o corpo curvado. Lucas 13.11-16 narra a história de uma mulher encurvada que não podia endireitar-se, "a quem Satanás mantinha presa por dezoito longos anos". Aquela filha de Abraão, que talvez fosse crente, andava tão encurvada que só conseguia enxergar o chão. Que grande diferença entre ela e a noiva no texto, cujo pescoço era como uma torre, dando a entender que ela havia sido liberta e endireitada! Não era mais agrilhoada nem presa por Satanás e não mais olhava para o mundo para satisfação própria.

O pescoço como uma torre também sugere firmeza e perspectiva elevada. Sugere que ela estava estabelecida sobre um sólido fundamento espiritual. Não mais se sentia atraída pelo mundo nem se encontrava mais sob o domínio de Satanás.

Então, o nome de Davi é acrescentado, o que sugere uma segunda ideia. "Seu pescoço é como a torre de Davi." Não se trata de uma referência a uma torre comum, mas a uma torre construída por Davi. A ideia é que, assim como essa torre foi a defesa de Davi em tempos de guerra, ela também é uma defesa aqui. Além de ter sido liberta, endireitada e fortalecida, a determinação dessa mulher amada havia dado outro passo adiante, que produziu uma obediência tão completa que sua vontade se tornou um baluarte de defesa contra o ataque do inimigo. Nesse ponto, ela passou a ser semelhante a Davi, o homem segundo o coração de Deus, que fazia tudo o que era da vontade de Deus (v. Atos 13.22). Como é importante, portanto, reconhecer que, quando nos submetemos ao Senhor Jesus, nossa vontade se concentra em Deus e torna-se uma torre forte em tempos de perigo!

Com que propósito, perguntamos, a torre foi construída? Resposta: a torre era um arsenal de Davi — um depósito para armazenar armas. Quando se trata de guerra espiritual, a batalha da vida certamente se concentra em torno da vontade, mas na vida do crente maduro o Senhor infunde uma força interior dentro da vontade para proteger o crente. E, para que os crentes não se submetam de novo ao inimigo de nossa alma, eles são feitos como uma torre de Davi, cujo propósito irremovível era fazer totalmente a vontade de Deus. Essas armas internas não se destinam ao uso ofensivo, mas à vigilância defensiva. Escudos eram instrumentos de proteção contra ataques. O número "mil" dessas armas indica a suficiência do arsenal proporcionado pelo Senhor para que os crentes fiquem bem guardados e protegidos. A expressão "heroicos guerreiros" mostra a posição invulnerável que o Senhor garante ao seu povo.

Podemos, portanto, fazer o seguinte resumo: em razão da semelhança da noiva com Davi na questão de obediência, ao submeter-se inteiramente ao Senhor, ela se tornou firme e imutável como uma torre para fazer a vontade de Deus, e depois para permanecer alerta e na defensiva, com armas interiores suficientes para enfrentar todos os ataques dos inimigos.

Amor crescente

A sétima característica são seus seios.

> Seus dois seios são como filhotes de cervo,
> como filhotes gêmeos de uma gazela
> que repousam entre os lírios. (v. 5)

O seio é a sede das emoções. No texto, pode ser interpretado como duas partes ou lados do peito, dando, portanto, um equilíbrio uniforme. Nossa *fé* e *amor* são a essência mais importante da pura emoção, por meio dos quais aceitamos o Senhor. É pela fé e pelo amor que somos atraídos para mais perto dele. Juntos, a fé e o amor constituem o único meio que nos une ao Senhor, portanto são como os dois lados do peito de uma donzela e conferem um equilíbrio perfeito às afeições.

"Como filhotes de cervos." O filhote ou cria da gazela é medroso, tímido e se assusta com facilidade, mas é extremamente ágil. No texto, os filhotes de cervo são símbolos daquelas afeições sagradas e espirituais que mantemos e guardamos para o Senhor. Essas afeições não devem ser demonstradas ao público em geral em razão de sua natureza sensível e delicada. Precisam ser guardadas com cuidado, para não perderem sua função.

Os filhotes são referidos como gêmeos: "Filhotes gêmeos de uma gazela." A expressão original poderia ser traduzida por "um par de filhotes de gazela nascidos da mesma mãe". São idênticos em tamanho, dando a entender que a fé e o amor devem crescer juntos para terem estatura idêntica. Ninguém que recebe o elogio do Senhor como belo e justo pode ser grande na fé e pequeno no amor. Esse desequilíbrio não pode ser elogiado como beleza. No Novo Testamento, fé e amor são apresentados como de igual importância (v. Gálatas 5.6; 1Timóteo 1.5,14; Filemom 5). Na questão de realidade espiritual, não existe ser grande em amor e pequeno na fé, ou grande na fé e pequeno no amor. Essas virtudes podem ser grandes ou pequenas, mas devem ser iguais. A beleza da forma não está em colocá-las de um lado só, mas em desenvolvê-las em proporção igual, pois são como "filhotes gêmeos".

"Que repousam entre os lírios." A implicação aqui é uma só: a fé e o amor da noiva se alimentaram e cresceram em um ambiente adequado à natureza que ela recebeu de Deus. A palavra "lírios" aponta para esse ambiente e expressa o sustento, a santidade e as promessas das coisas que são de Deus para a produção de características espirituais. Elas florescem e crescem em uma atmosfera celestial e alimentam-se de coisas puras. Os lírios expressam pureza e aquela condição de santidade que liberta a consciência da culpa e do engano. Quando a consciência é contaminada, há perda na fé e no amor. A fé e o amor só conseguem crescer e florir no solo de uma consciência purificada. Portanto, para se desenvolver, essas virtudes precisam estar no local onde o Senhor apascenta seu rebanho.

Terceiro, observamos uma busca mais profunda da donzela. Ela diz:

> Enquanto não raia o dia
> e as sombras não fogem,
> irei à montanha da mirra
> e à colina do incenso (v. 6).

O capítulo 3.6-11 falou da união da donzela com o Senhor. O capítulo 4.1-5 falou do desfecho resultante daquela

Amor crescente

união, ou seja, que o Senhor encontrou satisfação na Amada e elogiou sua beleza. Em termos gerais, a fase seguinte daquela união foi principalmente a adoração dela ao Rei. Toda a movimentação anterior a isso, registrada em 1.2—2.7, contém muitos elogios da donzela ao Rei, mas a atitude do Rei em relação a esses elogios foi muito restrita. É uma descrição verdadeira daqueles que, antes de ter experiências mais profundas com o Senhor e ser tratados com mais profundidade por ele, gostam muito de falar incessantemente de suas experiências a respeito de posição e progresso espirituais e do que receberam do Senhor nas lições aprendidas. Ao mesmo tempo, vangloriam-se da comunhão que possuem com ele — do amor do Senhor por eles, das promessas que ele lhes deu e das respostas maravilhosas dele às suas orações.

Até esse ponto, a donzela não sabia nada a respeito do terceiro céu nem havia recebido nenhuma disciplina verdadeira das mãos do Senhor. Sua conversa naquela condição imatura provou a superficialidade de sua dimensão espiritual; mas, depois de passar pela experiência no deserto, observamos uma diferença. Sua fala é mais comedida; ela fala menos. As palavras do capítulo 3.6-11 não são proferidas pela noiva, mas por outras pessoas; e as do capítulo 4.1-5 são todas proferidas pelo Rei.

A respeito de sua experiência e relacionamento com o Rei, sua qualidade e capacidade espirituais aumentaram. Não nos aprofundaremos nisso por enquanto; deixaremos para mais adiante. Vemos que ela fala menos e ouve com mais atenção. Na verdade, o crente que não fala muito ouve melhor. Depois de ter passado pela experiência da cruz, a donzela se encontrava sob um controle muito mais perfeito do Espírito Santo, e todos os seus sentimentos estavam mais regulados. Agora ela podia permanecer em silêncio de espírito diante dos elogios do Senhor, sem vangloriar-se reservadamente e sem gabar-se daquelas energias naturais que produzem o orgulho.

Ao contrário, agora havia nela um discernimento mais ativo de sua fraqueza e admitia, sem reservas, que a obra mais profunda da cruz foi indispensável para seu progresso. Vemos, portanto, que, após a descrição de sua experiência feita por outras pessoas, ela própria não reiterou nada dessa experiência. E, depois de receber o elogio do Rei, aquele orgulho anterior, quando ela falava muito para descrever a própria bondade, desapareceu. Ela dizia poucas palavras, e sempre com moderação. As características espirituais começavam a desenvolver-se nela.

"Irei à montanha da mirra e à colina do incenso." Nessa breve observação feita pela donzela, notamos que ela percebeu completamente sua atual limitação nos objetivos a serem alcançados e que as características espirituais ainda necessitavam de mais desenvolvimento. O futuro é considerado nestas palavras: "Enquanto não raia o dia e as sombras não fogem". As palavras indicam que ela entende que ainda não chegara ao ponto culminante da maturidade espiritual e que, mesmo havendo sombras no presente, ela aguarda com expectativa aquele dia mais completo e mais brilhante.

As palavras também revelam outra faceta de sua atitude humilde, ou seja, que ela não estava muito animada com essa necessidade em sua condição espiritual, mesmo depois de ter recebido evidentes louvores e elogios do

Amor crescente

Senhor, como vimos nos versículos anteriores. Será que sua união com o Senhor não era vital e verdadeira o suficiente?, ela deve ter pensado. Será que as características espirituais que havia nela não eram suficientes para agradar ao Senhor a ponto de satisfazê-lo? O conceito favorável do Espírito Santo a respeito da condição dela e os elogios enaltecedores do Senhor Jesus servem para mostrar-nos que, à vista de Deus, ela chegara a um ponto de altura e profundidade. Não havia nenhuma barreira entre ela e ele, e o Senhor parecia estar satisfeito com a atual condição dela e não encontrara nenhuma carência nela.

No entanto, esse é apenas um lado da descrição. Supostamente, o Senhor estava satisfeito com esse estágio atual de crescimento. Qualquer pessoa bastante experiente entende que o crente totalmente amadurecido e aperfeiçoado deve estar livre de todos os tipos de sombra e resplandecendo a luz da manhã no Senhor.

A donzela, porém, estava consciente de que, no interior de sua vida, havia ainda certas sombras persistentes e que o dia perfeito ainda não chegara. Quanto mais a pessoa permanece na luz, mais reconhece as trevas. Quanto mais perfeito é alguém, mais consciente se torna das imperfeições. Da mesma forma, quanto mais maduro o crente se torna, mais se sente imaturo. Quanto mais o crente anda na luz, maior parece ser a necessidade do sangue purificador de Cristo. Quanto mais ele recebe elogios do Senhor, mais sente que o céu da vida espiritual ainda não adquiriu um brilho total. Portanto, a donzela sente que, da mesma maneira que antes, continua vagando em uma espécie de deserto.

O que, então, deveria ser feito? Antes de raiar o dia perfeito e de todas as sombras desaparecerem, ela sentiu que precisava ir à montanha da mirra e à colina do incenso e permanecer ali até o dia clarear e as sombras desaparecerem. Mas a pessoa sempre reluta em deixar o lugar atual de realização para alcançar coisas mais altas ainda.

Na experiência do crente, o estado final de perfeição precisa aguardar a volta do Senhor. A única solução para a presente libertação é estar na montanha da mirra e na colina do incenso. A implicação é que, apesar do elogio e do louvor do Senhor, e apesar de o Espírito Santo reconhecer essa união com Cristo em afeições espirituais, a donzela continuava ciente da fraqueza, corrupção, engano e incapacidade remanescentes para alcançar a medida plena das afeições espirituais. Antes disso, e enquanto aguarda a realização de um estado de perfeição, ela precisa continuar a percorrer o caminho da cruz e continuar a reivindicar o Senhor como sua vida para o futuro. Ela estava, por assim dizer, pensando alto em algo mais ou menos assim:

> "Quando comecei a deixar o mundo deserto para trás, a mirra e o incenso eram a fragrância de minha vida; portanto, preciso apressar-me agora para ir à montanha da mirra e à colina do incenso e banhar-me literalmente nesses ricos odores. Não foram esses suaves odores que produziram uma união mais profunda entre o Senhor e mim e o deixaram satisfeito a ponto de elogiar-me?
>
> "Preciso, então, viver na montanha da mirra e na colina do incenso. Se, por meio de uma comunhão mais profunda com seus sofrimentos e morte, eu obtiver uma libertação mais ampla do mundo do deserto, então a cruz

Amor crescente

e eu precisamos conhecer uma união mais íntima. Se eu perseverar em aflições maiores ainda e me aprofundar mais na morte em Cristo, precisarei avançar até o raiar perfeito do dia. E se, por confiar mais e comprometer--me de modo mais completo, eu puder viver a vida de Cristo e dar um passo atrás do outro para subir um pouco mais, então estarei disposta a abandonar toda a minha vida antiga e render-me a ele tão inteiramente que ele não encontrará nada da antiga criação.

"Se eu comparar minha experiência anterior com a que desejo alcançar agora, a mirra e o incenso foram apenas gotas de perfume. E esses suaves odores necessitam ser como montanhas e colinas em sua plenitude, para que, por uma identificação mais completa com Cristo em sua cruz e ressurreição, surja dentro de mim um poder transcendente e triunfante, uma dose maior de percepção espiritual, um relacionamento mais próximo entre minha alma e Deus e uma libertação mais completa deste mundo de deserto."

O CHAMADO ÀS REGIÕES CELESTIAIS
(4.7-15)

A primeira questão é o chamado (v. 7,8), e aqui (de acordo com a maioria dos expositores bíblicos) é o Rei que fala sobre o movimento espiritual ascendente. Depois que a donzela deu mais um passo para compreender a cruz e a ressurreição de modo mais profundo, o Rei pode agora dirigir-se a ela assim:

> Você é toda linda, minha querida;
> em você não há defeito algum (v. 7).

Antes, o Rei havia dito apenas: "Como você é linda" (v. 1), mas agora ele diz: "Você é *toda* linda".

Em outras palavras, agora ele está dizendo que ela é toda linda porque todos os seus defeitos foram removidos posteriormente pela cruz. Nos processos de disciplina, esses defeitos foram removidos de modo inadequado para uma noiva. Agora, nada permaneceu nela, a não ser a vida santa e celestial de seu Senhor, uma vez que ela havia adquirido sua parte total da bênção e se encontrava em um novo território na vida ressurreta do Senhor. Vemos agora a donzela como uma pessoa totalmente formosa. "Em você não há defeito algum." E o Senhor se agrada ao ver aqueles que chegaram tão longe e reagem dessa forma.

> Venha do Líbano comigo, minha noiva,
>   venha do Líbano comigo.
> Desça do alto do Amana,
>   do topo do Senir, do alto do Hermom,
> das covas dos leões
>   e das tocas dos leopardos nas montanhas. (v. 8)

Na parte 2 do Cântico, o Rei exigiu duas coisas de sua escolhida e amada. Primeira, que ela se levantasse e saísse de sua circunstância; segunda, que o acompanhasse na circunstância dele. Nesse período de relacionamento com o Rei, vimos que ela se levantou, mas não aprendeu a acompanhá-lo nas circunstâncias dele, ou seja, saltando pelos montes, pulando sobre as colinas. A exigência do Senhor foi, portanto, postergada.

No entanto, o Senhor nunca diminui seu padrão nem submete seus propósitos aos seus escolhidos. Ele aguarda

Amor crescente

seu tempo propício e espera até que o desenvolvimento da maturidade nos prepare para a reação mais completa que ele exige. Mas ele nunca muda seu chamado para cumprir seu propósito. Em geral, depois que ele se relaciona conosco, passamos a entender a plenitude do tempo, e nesse estágio mais avançado ele nos chama de novo para cumprir seu propósito como fez antes. "Venha [...] comigo." Agora há uma urgência — um chamado insistente, porque ele diz duas vezes: "Venha [...] comigo", "venha [...] comigo".

Agora o Senhor a está chamando para uma elevação celestial. Alguns estudiosos supõem que as palavras "do Líbano" signifiquem um chamado para *partir* do Líbano. Pessoalmente, acho o contrário. A palavra "do" não implica necessariamente uma partida; mas aqui, obviamente, ela faz parte de uma composição poética e formulação de palavras. Ele pede a ela que vá a vários lugares altos, de onde poderá apreciar uma vista "do Líbano". Não se trata de uma *partida* do Líbano; ao contrário, vemos que ela entra com ele em um posto de observação espiritual representado pelo que existe nas alturas perfumadas do Líbano. A descrição dos gloriosos pináculos do Líbano indica uma nova fase na experiência dela.

O Líbano aponta claramente para uma posição nova e elevada, onde a madeira perfumada do cedro é quase a característica mais marcante. O cedro é uma árvore alta nobre, de madeira perfumada. Os montes altos mencionados na Escritura indicam nossa saída do nível da terra em direção a uma posição celestial — continuando no mundo, mas projetando-nos em direção ao céu. O chamado que a donzela recebe aqui é o de subir em direção ao céu.

119

Explicando de modo mais específico e mais exato, é precisamente um chamado para o crente estar com Cristo em sua exaltação e olhar para baixo em direção à terra, estando naquela posição elevada de favor e autoridade.

A posição do crente deve ser a de estar no alto do monte. Há muitos que não conseguiram e despencaram do precipício, mas sua posição original e intencional em Cristo é a de elevação celestial. Nele, a condição celestial está sempre presente e, na verdade, a pessoa está cercada e consciente de todas as coisas celestiais e, por conseguinte, muito acima dos níveis da terra. Descobrimos, então, que existem picos de montanhas em nossa experiência e que existem, conforme veremos, mais de uma montanha para apreciarmos. Uma vez que estamos muito acima das limitações e cercos que, em geral, nos confinam quando estamos em patamares inferiores, esses três picos do Líbano dão a ideia de expansão.

"Amana" significa "confirmação" ou "verdade". (É uma palavra relacionada a "amém" ou "assim seja".) Em geral, quando estamos nessa posição vantajosa no chão e vemos coisas das alturas dos pensamentos divinos, olhamos para baixo e contemplamos um Cristo totalmente inclusivo, real e verdadeiro.

"Senir" indica uma armadura flexível. Aparentemente se refere à armadura inteira concedida pelo Espírito Santo. Concentra nossos pensamentos na possibilidade de uma guerra e na necessidade de equipamento total. O equipamento é encontrado na elevação espiritual, onde há uma percepção que ilumina tudo com a luz celestial, com a qual podemos ver os movimentos do inimigo embaixo.

Amor crescente

"Hermom" simboliza destruição e, sem dúvida, fala da vitória da cruz e de como o Senhor Jesus, como o eterno Filho de Deus, se manifestou para destruir as obras do Diabo. O crente vê a vitória plena de Cristo somente ao associar-se conscientemente com ele em sua exaltação sobre tudo o que pertence à região terrena.

Há muitos lugares altos nesse assunto de elevação espiritual. Eles falam de amplitude, onde existe espaço para expansão e desenvolvimento. No entanto, nos capítulos 1 e 2 de Efésios, vemos que a região celestial está exatamente onde a presença do inimigo é muito real e ativa (v. Efésios 6.12).

"Das covas dos leões e das tocas dos leopardos nas montanhas." Quem anda no alto dos montes do Líbano e olha dali para os picos de Amana, Senir e Hermom, não pode deixar de ver as covas dos leões e as tocas dos leopardos nas montanhas. Era uma região onde os leões rugiam na terra e onde os leopardos devoravam suas presas. Mas as covas dos leões e o *habitat* dos leopardos nas montanhas encontravam-se nas próprias regiões que representavam as regiões celestiais.

Aquilo com que somos confrontados antes de conhecer a experiência da elevação da alma nas regiões celestiais não passa de obras do inimigo na terra. Contudo, após a experiência adicional de entrada na realidade das regiões celestiais, somos levados (e devemos querer estar) ao lugar de esconderijo do inimigo, para que possamos não apenas testemunhar as obras do inimigo, mas também lidar com ele frente a frente. A respeito de leões, a Escritura chama a atenção para seus rugidos. A obra do inimigo é assustar e aterrorizar. Como ocorre com os leopardos, o Livro dos

CÂNTICO DOS CÂNTICOS

livros concentra a atenção no apetite deles. Esse aspecto da obra do inimigo é devorar.

Ao colocar a Amada em uma posição de elevação espiritual, o Senhor não disse que dali em diante tudo seria esplêndido e belo. Ele mostra à Amada que, embora essa vida no pico da montanha fosse a região na qual ela podia movimentar-se, ainda assim era uma região na qual os leões e os leopardos, representantes de poderes malignos, estavam por perto. Se alguém não conhece a experiência das regiões celestiais nos capítulos 1 e 2 de Efésios, nunca poderá entender a guerra espiritual do capítulo 6 de Efésios. O homem espiritualmente elevado sabe que a presença do inimigo é real e próxima. Pelo fato de existir essa circunstância, o Senhor convida-nos a olhar para baixo da posição alta em que nos encontramos. Nosso pico da montanha é a altura da verdade divina. Nosso pico da montanha é armadura protetora. Nosso pico da montanha é o triunfo do Senhor sobre todos os poderes de destruição. A respeito das coisas celestiais, precisamos nos manter no terreno celestial para discernir claramente as questões de caráter celestial. Sim, mesmo nas questões de natureza puramente terrenas não se pode discernir sua real substância com clareza se as questões não forem observadas do ponto de vista celestial. O terreno celestial é o único lugar que permite uma visão adequada das coisas.

Em nossa presunção, é comum tentarmos resolver problemas e dificuldades por meio de percepção terrena ou natural, o que invariavelmente produz frustração e confusão. Até quando lidamos com questões secundárias da vida, precisamos considerá-las do ponto de vista celestial,

Amor crescente

caso contrário erraremos o alvo e não encontraremos uma solução. No entanto, precisamos estar totalmente alertas ao fato de que, nessa região elevada, estamos muito próximos daqueles poderes malignos representados pelas "covas dos leões" e pelas "tocas dos leopardos nas montanhas".

Resumindo: seja o que for que virmos e observarmos nas alturas do amor divino, nunca podemos esquecer que há um inimigo sempre presente. Quando, portanto, vemos coisas do ponto de vista celestial, precisamos sempre lembrar que conseguimos isso apesar dos leões e dos leopardos. Aqueles que conhecem a experiência e a visão no pico da montanha sabem que o inimigo anda furtivamente ao derredor de pessoas com percepção espiritual. E aqueles que, das alturas, viram coisas da terra da promessa do Senhor precisam, ao mesmo tempo, ter em vista a derrota total do inimigo.

Na questão da guerra espiritual, há antes de tudo uma posição a ser tomada; depois há uma visão a ser concedida. Sem essa posição é impossível perceber o verdadeiro caráter da personalidade do inimigo. Por outro lado, sem essa visão celestial, é impossível ver a astúcia de seus movimentos. Há dois pré-requisitos sem os quais é impossível lutar ou até mesmo envolver totalmente o inimigo em qualquer tipo de guerra.

Esse foi, de fato, um chamado sem precedentes à sua amada. Foi um grande e exigente chamado. Para uma donzela fraca e delicada que, por natureza, considerava extremamente difícil escalar essas montanhas e chegar a lugares tão altos, foi um desafio tremendo — sem mencionar o fato de entrar em uma região onde havia covas de leões e esconderijos de leopardos! Mas agora, depois de ouvir o chamado para elevação espiritual, qual foi sua resposta?

Nesse lugar, temos uma resposta silenciosa, porém real. Ela se movimenta ao ouvir seu chamado, mas não fala, e isso provoca estas palavras do Rei:

> Você fez disparar o meu coração,
>   minha irmã, minha noiva;
> fez disparar o meu coração
>   com um simples olhar,
> com uma simples joia dos seus colares (v. 9).

Pela primeira vez, o Rei dirige-se à amada como "minha irmã, minha noiva". Aqui os desejos dela por ele são identificados com os desejos dele por ela. Aqui o Rei olha para ela como alguém em quem ele podia confiar e com quem poderia partilhar tudo a partir de agora. As afeições da donzela foram muito além nesse estágio e, por serem maduras e puras, são capazes de iniciar um relacionamento conjugal.

Em essência, a Amada havia sofrido e sentido inúmeros tratamentos disciplinares até serem manifestadas em seu corpo todas as características espirituais de uma nova criação. Foi isso que deu tanto prazer e satisfação ao coração do Rei. Veja, então, que o Rei a amava assim em razão do seu principal atrativo: ela reagiu bem e submeteu-se à obra incondicional do Espírito Santo e emergiu totalmente linda — e fez o coração do Rei disparar.

Aqui o Rei dirige-se pela primeira vez à Amada como "irmã", porque ambos tinham natureza semelhante. "Ora, tanto o que santifica quanto os que são santificados provêm de um só." (Hebreus 2.11a.) Sara, mulher de Abraão, era sua meia-irmã. Isaque também casou com uma parente. Jacó casou com a filha do irmão de sua mãe, ao contrário do

Amor crescente

profano Esaú, que tomou uma pagã por esposa. No caso do Senhor Jesus, ele entrega sua vida e seu amor àquele grupo de pessoas que, nascidas do Pai no céu, possuem a mesma vida intrínseca que ele.

"Você fez disparar o meu coração." Isto é: "Você se apoderou do meu amor e me atraiu para si. Fez-me exultar de alegria e encontrar minha satisfação por estar perto de você. Desafiou-me a ir com você por ter reagido desse modo aos meus desejos. Acima de tudo, seus olhos provaram ser mais eloquentes que as palavras proferidas por seus lábios, de modo que, só de ver seu olhar, agora sei que está disposta a percorrer o caminho inteiro comigo".

"Fez disparar o meu coração com um simples olhar"[4] — com um olhar de percepção espiritual. A mensagem enviada pelos olhos pode ser muito eloquente. Lembra-se de nosso Senhor quando ele fitou Pedro e derreteu seu coração com seu olhar? Um estranho não pode decifrar e entender o olhar da pessoa amada, mas a pessoa amada pode interpretar claramente o desejo do coração de quem olhou para ela. "Com um colar do teu pescoço." Não foram apenas os olhos da donzela que falaram a ele, nas também a reação afirmativa do pescoço dela. Os colares no pescoço representavam obediência aos preceitos divinos, conforme mencionado em Provérbios 1.9: "Eles serão um enfeite para a sua cabeça, um adorno para o seu pescoço". Na verdade, ele estava dizendo a ela: "Por sua obediência ao ensino e instrução do Espírito Santo, que produziu traços de sabedoria espiritual em seu caráter, você fez disparar o meu coração

---

4 Ou "com um colar do teu pescoço" (*Bíblia King James*). [N. do T.]

de amor por você. Assim encorajado, sei que você me permitirá conduzi-la sempre adiante".

O aspecto seguinte é o relacionamento íntimo (v. 10-15).

> Quão deliciosas são as suas carícias,
> minha irmã, minha noiva!
> Suas carícias são mais agradáveis
> que o vinho,
> e a fragrância do seu perfume
> supera o de qualquer especiaria (v. 10).

É como se ele nunca houvesse elogiado o amor da donzela. Deus, o Pai, escolheu atrair o homem para si por meio de seu Filho, Jesus Cristo. E, com esse propósito em mente, o Senhor Deus colocou seu Filho amado neste mundo para que o homem pudesse ser convidado a amá-lo e, dessa forma, expressar novamente o amor de Deus aqui na terra. Quando o homem é atraído para Cristo, como no caso da donzela, essa atração é, na realidade, uma resposta ao convite de Deus para amá-lo. O amor que encontra expressão aqui é a resposta da afeição do homem a Deus por meio do Senhor Jesus Cristo. É também um sincero "obrigado" a Deus por seu amor. Cristo é o centro em torno do qual todas as respostas ao amor de Deus giram.

Esse amor a Cristo pode ser oferecido pelo crente apenas como resultado de relacionamentos por meio da disciplina. Esse amor é, então, aperfeiçoado e amadurecido com o tempo até o crente descobrir que as afeições de seu coração não estão mais voltadas para as coisas do mundo, mas inteiramente dedicadas às coisas do alto, do céu. É quando o crente chega a esse estado que o Senhor irrompe

Amor crescente

em louvor jubiloso: "Quão deliciosas são as suas carícias [...]. Suas carícias são mais agradáveis que o vinho".

Em 1.2, ao elogiar o Rei por seu amor, a donzela declarou: "O teu amor é *melhor* do que o vinho" (*Bíblia King James*). Mediante uma comparação com as palavras do Rei [*Quanto melhor* é o teu amor do que o vinho (4.10, *Bíblia King James*)], passamos a conhecer que a apreciação do crente pelo amor de Cristo é muito menor do que o amor que Cristo expressou por ele. Apesar de sentirmos que o amor de Cristo é extraordinariamente precioso, mal compreendemos sua verdadeira preciosidade. Conhecemos bem a história de amor entre Davi e Jônatas e de como se despediram "beijando um ao outro e chorando; Davi chorou ainda mais do que Jônatas" (1Samuel 20.41). Nosso Senhor, de quem Davi era um tipo, é preeminente, e a expressão de seu amor excede muito mais que o nosso amor por ele.

"E a fragrância do seu perfume supera o de qualquer especiaria!" Agora a Amada traz consigo a fragrância do perfume [unguentos (*Bíblia King James*)] do Rei. O Rei havia sido ungido com o Espírito Santo, e a donzela havia recebido agora a mesma unção pelo mesmo Espírito. Era o óleo que desceu da barba de Arão até a gola das suas vestes (v. Salmos 133.2).

No entanto, nossa atenção aqui não é dirigida à unção em si, mas à fragrância de seu aroma suave, o que aponta para as ricas e variadas características daquela unção. A fragrância é invisível e não pode ser discernida senão pelo olfato. A fragrância é a *commodity* mais inexplicável do mundo. Você já teve a experiência de sentir uma espécie de qualidade espiritual em um crente que parecia transpirar uma influência espiritual especial sobre você, mas não encontrou palavras para descrevê-la? Isso é fragrância! É o fruto de uma vida obediente ao Espírito Santo, e essa fragrância supera em muito todas as virtudes que o mundo é capaz de reunir. É comum termos de admitir que um não crente pode superar um crente em determinadas coisas em razão de algum dom especial e natural, mas isso nunca pode ser comparado à fragrância que procede de uma vida moldada pelo Espírito de Deus.

Aqui, a "fragrância" difere dos aromas mencionados antes. De todos os aromas do mundo e de todas especiarias da vida natural, nenhum se iguala às unções fragrantes derramadas sobre a donzela. Foi essa unção que capacitou seus lábios a gotejarem a doçura dos favos de mel.

> Os seus lábios gotejam a doçura
> dos favos de mel, minha noiva. (v. 11a)

O mel, no entanto, não pode ser produzido rapidamente. O mel exige trabalho árduo durante muito tempo para ser produzido e acumulado. E esse é o pré-requisito para alguém que era instruído continuamente na presença do Senhor. Significa trabalho perseverante e colheita paciente. Da boca da donzela, portanto, não saíam palavras frívolas, zombaria, inverdades ou calúnias, mas somente palavras amáveis e edificantes. Suas palavras não eram impulsivas como o murmúrio de um riacho descendo pelo monte; ao contrário, eram como o suave gotejar do favo de mel — gota a gota.

Quando algumas pessoas falam — e elas simplesmente precisam falar —, as palavras são semelhantes à correnteza de um rio, mesmo que o conteúdo do tema seja espiritual.

Amor crescente

A maneira de falar, no entanto, demonstra falta de força de graça interior. A ênfase aqui sobre o modo de falar da noiva do Rei não estava apenas na lentidão com que o mel destilava de seus lábios, mas também no que estava oculto e presente dentro dela.

Portanto, o texto diz o seguinte a respeito da donzela:

Leite e mel estão debaixo da sua língua (v. 11b).

Nessas palavras, você pode ver que havia um grande estoque interior de coisas boas. O mel representa aquilo que fortalece a fraqueza, e o leite destina-se ao desenvolvimento do que é jovem e tenro. E aquele estoque era tão farto e abundante que ela estava sempre pronta e totalmente preparada para distribuir a quem dele necessitava. Contudo, essa distribuição não era feita com uma demonstração externa do que ela guardava em seu interior. Muitos gostam de mostrar o que possuem, mas o estoque de mel e leite daquela noiva experiente encontrava-se debaixo de sua língua, não em seus lábios, onde poderia ser visto.

A fragrância das suas vestes
é como a fragrância do Líbano. (v. 11c)

A palavra "vestes" na Escritura exprime tudo o que diz respeito a atitudes exteriores, como comportamento, ações, prazeres sociais, boas maneiras e o que se relaciona à aparência externa, do mesmo modo que as roupas são coberturas visíveis para o corpo e facilmente notadas pelos outros. O *habitat* natural da donzela era agora o monte do Líbano.

CÂNTICO DOS CÂNTICOS

Ela ainda tinha de andar pela terra, mas todas as suas vestes de comportamento externo continham a fragrância da elevação espiritual representada pelo Líbano. O fato de ter acompanhado o Senhor a regiões altas, muito acima do mundo, significava que, inconscientemente, ela estava exalando a fragrância de uma posição transcendente e sublime.

> Você é um jardim fechado,
>   minha irmã, minha noiva;
> você é uma nascente fechada,
>   uma fonte selada. (v. 12)

Observe que há menção de "um jardim" no versículo 12; de "um pomar" no versículo 13; de "meu jardim" e "seu jardim" no versículo 16; e também de "meu jardim" em 5.1. Todas essas palavras estão no singular. E há menção de "jardins", "águas" e "córregos" em 4.15[5], todos no plural. A ideia de um jardim foi a ideia original de Deus, como podemos ver no início das Escrituras.

Depois de criar o Universo e o homem, Deus plantou um jardim. O jardim não é um solo comum nem um solo para plantar coisas a esmo. Também não é um solo para meros propósitos agrícolas, mas para a produção de algo belo e prazeroso. Há muitas árvores em um jardim; mas a ideia não se concentra na madeira da árvore. Pode haver frutos, mas o valor não é calculado em termos de produção comercial. O único objetivo é fazer brotar e produzir flores, que deverão ser colhidas como algo belo e exótico.

---

[5] Ou "Uma fonte de jardins, uma fonte de águas vivas, e córregos do Líbano" (*Bíblia King James*). [N. do E.]

Amor crescente

Vemos, portanto, nessa linguagem figurada que a donzela chega agora a uma posição espiritual na qual ela proporciona deleite e satisfação ao Senhor. Ela entendeu também que, afinal, não existia para si mesma; existia para o prazer e satisfação de seu Noivo Amado. Essa metáfora contém a ideia de um chamado sublime. A donzela não era um simples jardim, mas "um jardim fechado", que incluía "uma nascente fechada, uma fonte selada". Isso implica que ela existia exclusivamente para o prazer do Noivo Eleito. Um jardim de fato, mas não um jardim público.

Dessa forma, toda a beleza do atributo espiritual e da beleza celestial de sua pessoa destinava-se apenas ao deleite do Amado e a mais ninguém. Números 19.15 diz que "qualquer recipiente que não estiver bem fechado ficará impuro". Um recipiente aberto é para uso público e, por estar aberto, fica exposto a todo tipo de doença e influência adversa. Aquilo que não está inteiramente reservado apenas para o Senhor Jesus fica aberto para absorver qualquer coisa. Se ao menos os crentes de hoje fossem mais fechados do que são, se ao menos suas tampas vedassem um pouco mais, a obra do Senhor seria muito mais fácil. Há também nessas palavras a ideia implícita de castidade e pureza. Um jardim fechado é um solo livre de impurezas, e purificação é sinônimo de estar separado para uso somente do Senhor. Se há um poço ou uma nascente em nosso jardim, eles também não são de uso público, nem suas águas devem correr a esmo em direção a um lugar externo.

> De você brota um pomar de romãs[6]
> com frutos seletos,

---

[6] Ou "Tuas plantas *são* um pomar de romãs," (*Bíblia King James*). [N. do E.]

CÂNTICO DOS CÂNTICOS

com flores de hena e nardo,
nardo e açafrão, cálamo e canela,
com todas as madeiras aromáticas,
mirra e aloés e as mais finas especiarias. (v. 13,14)

A palavra "plantas" no texto hebraico significa "brotos" ou "rebentos". Ao dirigir-se à Amada, o Senhor mostra que agora ela está cheia de poder — o poder que vence a morte e levanta-se acima dela na vida ressurreta, como evidenciado na vara florida de Arão.

Essa energia de vida assemelha-se a um pomar de romãs. O significado inerente à romã é abundância de frutos. A romã contém numerosas sementes doces e comestíveis. Além de ser cheia do poder da vida ressurreta, a Amada do Senhor produzia os frutos dessa vida. E mais: conforme mencionado anteriormente, suas faces foram comparadas à romã, que é famosa pelos frutos e distingue-se pela beleza. O pomar de romãs era um belíssimo jardim e repleto de frutos da melhor qualidade. Era um jardim fértil com frutos de todos os tipos e variedades.

As numerosas plantas e árvores mencionadas nesses versículos dão ênfase à cor ou à fragrância. Tudo o que de belo e perfumado faz parte da maturidade espiritual. O final do versículo 14 menciona "todas as madeiras aromáticas" e "as mais finas especiarias", o que demonstra como o crente pode tornar-se totalmente agradável ao Senhor.

Esses frutos da graça são de vários tipos e de grande variedade. Nada está faltando. "E Deus é poderoso para fazer que lhes seja acrescentada toda a graça, para que em todas as coisas, em todo o tempo, tendo tudo o que é

Amor crescente

necessário, vocês transbordem em toda boa obra." (2Coríntios 9.8.)

> Por essa razão, desde o dia em que o ouvimos, não deixamos de orar por vocês e de pedir que sejam cheios do pleno conhecimento da vontade de Deus, com toda a sabedoria e entendimento espiritual. E isso para que vocês vivam de maneira digna do Senhor e em tudo possam agradá-lo, frutificando em toda boa obra, crescendo no conhecimento de Deus e sendo fortalecidos com todo o poder, de acordo com a força da sua glória, para que tenham toda a perseverança e paciência com alegria (Colossenses 1.9-11).

Os frutos mencionados na parte 1 indicam o fruto do Espírito na vida do crente, ao passo que a fragrância de tudo na parte 2 simboliza as bênçãos e graças do Espírito Santo.

> Você é uma fonte de jardim,
> um poço de águas vivas,
> que descem do Líbano. (v. 15)

A fonte e o poço de águas vivas destinavam-se a irrigar o jardim, a fim de que o gramado, as flores e as árvores crescessem. O poço é um depósito ou uma estocagem de água viva, ao passo que a fonte borbulha e faz brotar torrentes de água. Em João 4.11, lemos que "o poço é fundo", o que indica uma capacidade de reter e armazenar a água produzida pelas fontes ocultas, ao passo que a fonte é um fluxo constante de água. O poço refere-se à profundidade, e a fonte refere-se a um fluxo estimulante e contínuo.

No jardim do Rei, há um poço e uma fonte que fornecem energia revigorante e escoamento de água para todas as plantas. No jardim do Éden, lemos a respeito de um rio que, por dividir-se em quatro cabeceiras, regava todo o jardim. Na nova Jerusalém, lemos também a respeito de um rio da vida — "o rio da água da vida que, claro como cristal, fluía do trono de Deus e do Cordeiro" (Apocalipse 22.1). A nova Jerusalém é uma cidade ajardinada. O rio da vida com seu frescor constante descreve a obra e a função do Espírito Santo na vida dos santos. Foi esse fluxo de águas vivas que fez brotar no jardim de Salomão os melhores frutos e a beleza mais exuberante. As águas não tinham origem no jardim; fluíam das alturas do Líbano.

Se o Senhor Jesus não houvesse subido ao céu, não teria havido a liberação da vida do Espírito. Jesus disse: "Mas eu afirmo que é para o bem de vocês que eu vou; se eu não for, o Conselheiro não virá para vocês; mas se eu for, eu o enviarei" (João 16.7). Todo o frescor e toda a irrigação espirituais que fluem hoje na vida dos crentes provêm do Espírito da vida e da presença do Senhor, porque ele é o nosso representante perante o Pai no céu.

A VIDA DE AMOR (4.16—5.1)

Acorde, vento norte!
  Venha, vento sul!
Soprem em meu jardim,
para que a sua fragrância
  se espalhe ao seu redor.
Que o meu amado entre em seu jardim
e saboreie os seus deliciosos frutos (4.16).

Amor crescente

Os textos anteriores descreveram a beleza da obra da nova criação (4.1-5); a decisão completa e profunda da donzela (v. 6); sua elevada posição com Cristo nas regiões celestiais (v. 7-15). Todas essas palavras foram declaradas pelo Rei a respeito de sua satisfação com a Amada. Era o Rei explicando por que o relacionamento entre ele e a amada era tão satisfatório.

Primeiro, há a resposta da noiva.

Vemos dois aspectos em sua resposta. "Acorde, vento norte!" — um vento frio, gélido e penetrante. "Venha, vento sul!" — um vento suave, brando e agradável! Em seu relacionamento com o Rei, a noiva percebe que ela era um jardim onde havia muitos frutos espirituais e bênçãos da graça. No entanto, em circunstâncias favoráveis ou não, a noiva não será influenciada adversamente por elas; ao contrário, as usará para extrair a fragrância de si mesma e espalhá-la na estação das frutas ou fora dela. Ela chegara a um estado de graça no qual reconheceu que a cruz da prosperidade espiritual dependia do interior do coração do homem, não das circunstâncias externas. Se houver fruto e fragrância dentro, não importa se é o vento do norte ou o vento do sul que sopra. Esses ventos apenas levariam sua fragrância interior para longe.

A donzela não estava mais confinada nas paredes de um conjunto fixo de circunstâncias, mas podia viver e florescer em qualquer condição exterior. Estava confiante e ciente do fato de que, se houvesse plenitude de graça espiritual dentro dela, não haveria nenhuma dificuldade para adaptar-se a qualquer circunstância que surgisse. Nesse aspecto,

135

ela tinha o mesmo pensamento do apóstolo Paulo em seu testemunho em Filipenses 4.12: "Sei o que é passar necessidade e sei o que é ter fartura. Aprendi o segredo de viver contente em toda e qualquer situação, seja bem alimentado, seja com fome, tendo muito, ou passando necessidade"; e também em 1.20: "[...] agora Cristo será engrandecido em meu corpo, quer pela vida, quer pela morte".

Seu grito nesse versículo é uma evidência de sua condição espiritual em florescimento e também de sua fé. O vento sul e o vento norte representam as circunstâncias diferentes apontadas pela escolha soberana do Espírito Santo para desenvolver a fragrância do jardim da donzela, e ela reconheceu o direito do Espírito de Deus de fazer essa escolha. Mesmo que o vento sul fosse agradável e o vento norte, assustador, ambos tinham o mesmo valor para os habitantes das regiões celestiais. A donzela tinha a certeza bendita de que em cada lugar e em todas as coisas, se as circunstâncias fossem dirigidas e controladas pelo Espírito Santo, elas liberariam a graça espiritual armazenada internamente. Nesse aspecto, ela estava, de uma forma especial, com os olhos voltados para o Espírito Santo a fim de cumprir e aperfeiçoar sua obra e propósito em qualquer circunstância.

Além dessas representações e comunicações do Espírito Santo, a noiva passou aos poucos a falar menos. Esta era a sua atitude: uma vez que dentro dela haviam sido cultivadas muitas plantas perfumadas, que o Espírito Santo usaria os ventos da circunstância para espalhar as muitas especiarias e que o Senhor a plantara para ser seu jardim e lhe concedera graça para ela produzir frutos

Amor crescente

agradáveis, então ela deveria permitir o acesso dele ao seu jardim, para que ele entrasse, colhesse e apreciasse seus frutos. Na primeira vez, ela descreve a si mesma como "meu jardim", mas logo depois muda a expressão para "seu jardim" — o jardim de propriedade dele. Em outras palavras, o meu jardim é o jardim dele. O jardim inteiro da vida interior da donzela era para ele, bem como todos os seus frutos. Vemos, então, que os próprios frutos do Espírito que adornam a vida dos santos, longe de ser para os crentes se vangloriarem de os possuir, são unicamente para o prazer do Senhor e tão somente para a glória de Deus. Aqui a Amada está se dedicando de novo, de modo incondicional, inteiramente ao Senhor e a tudo o que ele propõe fazer aqui na terra.

Segundo, há a resposta do Senhor.

> Entrei em meu jardim,
>   minha irmã, minha noiva;
> ajuntei a minha mirra com
>   as minhas especiarias.
> Comi o meu favo e o meu mel;
> bebi o meu vinho e o meu leite.
> Comam, amigos,
> bebam quanto puderem, ó amados! (5.1)

Esse era o jardim do Senhor. Diante de tal declaração, observamos que ele não o frequentava assiduamente, mas viera apenas para atender a um pedido especial. Lembremo-nos desta solene lição: embora a primeira consagração nos faça pertencer verdadeiramente o Senhor, somente as muitas e constantes consagrações podem convencer o Senhor

137

a entrar no jardim dele dessa maneira. Ele virá somente quando houver frutos e especiarias para serem saboreados. É importante observarmos atentamente, para que a autossatisfação não leve nosso coração a supor que tudo vai bem só porque pertencermos ao Senhor. Esse pensamento deve vir à nossa mente muitas e muitas vezes como um aviso, e devemos pedir repetidamente ao Senhor que venha até nós e encontre o que ele deseja. Ou então, em um momento em que você for pego totalmente desprevenido, descobrirá que o Senhor nunca entrou verdadeiramente em seu jardim.

Toda consagração oferecida ao Senhor é aceita por ele. Todas as vezes que a donzela lhe pediu, o Senhor respondeu. Esse fato compôs a história espiritual dela. Pode ser que eu esteja enganado, mas penso que talvez seja essa a oração que recebe resposta com mais facilidade. O Senhor conseguiu receber tudo como se fosse dele. Em oito vezes diferentes, ele menciona o pronome possessivo "meu" ou "minha" — minha irmã, minha noiva, minha mirra, minhas especiarias, meu favo, meu mel, meu vinho, meu leite! Ele recebe tudo o que lhe é oferecido como fruto do Espírito, porém jamais recebe o salário da injustiça[7] nem os ganhos de uma prostituta. "Não tragam ao santuário do SENHOR, o seu Deus, os ganhos de uma prostituta ou de um prostituto, a fim de pagar algum voto, pois o SENHOR, o seu Deus, por ambos tem repugnância." (Deuteronômio 23.18.) Nada está implícito na vida da Amada; tudo o que ela podia oferecer era uma questão de puro deleite no Senhor.

---

[7] V. 2Pedro 2.15. [N. do T.]

Amor crescente

A essa altura, o Senhor toma uma posição em relação à Amada, uma posição que ele não tomou na parte 1 do Cântico. Nessa atual condição, pelo que encontrou nela e pelo que recebeu dela, o Senhor pôde ver o fruto de seu trabalho. Precisamos prestar muita atenção ao fato de que esse alto nível de consagração e esse tipo de recepção são muito diferentes da consagração comum de nossa parte e de qualquer coisa comum que recebemos do Senhor. Nossa consagração anterior ao Senhor, ou seja, a primeira consagração, é a de nos entregar em suas mãos e permitir que ele faça o que quiser conosco. Essa ideia refere-se à consagração que resulta da obra total de Deus em nosso interior. Não é receber alguma coisa da mão do Senhor, mas oferecer a ele uma vida totalmente repleta de sua obra e amor por nós. Essa plenitude, esse deleite, essa frutificação, essa glória — tudo deve ser entregue ao Senhor. Temos aqui a consagração ao Senhor de todos os deliciosos frutos e especiarias do jardim.

E a recepção pelo Senhor ocorre da mesma maneira. A aceitação anterior do que a donzela lhe tinha a oferecer foi simplesmente uma oportunidade para ele arar e lavrar o solo do coração dela e plantar as sementes, para realizar sua obra ali. Aqui a aceitação da oferta da donzela não tem nada mais que ver com a oportunidade de plantar, mas, ao contrário, de dar ao Senhor a oportunidade de apreciar tudo o que havia sido plantado dentro dela. No início, os crentes são semelhantes a uma parte de solo não cultivado que foi consagrado ao Senhor, permitindo-lhe iniciar a obra transformadora de fazer dele um belo jardim. Nesse caso, a pergunta é a seguinte: Para quem é o jardim? O crente maduro sabe que a última e mais completa consagração é muito mais difícil que a anterior, e muito mais gloriosa. É apenas aquela que resulta de um trabalho exaustivo do Senhor em nós. Mas é essa dedicação que significa que o Senhor pode colher o fruto de seu trabalho.

"Comam, amigos, bebam quanto puderem, ó amados!" Quem, afinal, são esses amigos e amados? O Senhor estava agora apreciando a Amada como um jardim perfumado, com o direito que possuía de ser seu Salvador e Senhor. Aparentemente aqueles amigos e amados indicavam que as Três Pessoas — a Trindade, o único Deus — estão juntas aqui, recebendo e apreciando todas as coisas boas desse jardim de fruto espiritual, agora amadurecido na Amada. É somente Deus, não o homem, que recebe o fruto da vida do crente.

Parte 4 (5.2–7.13)

Amor transformador

O OUTRO DESAFIO DA CRUZ (5.2—6.3)

O *primeiro* assunto é o chamado.

> Eu estava quase dormindo,
>> mas o meu coração estava acordado.
> Escutem! O meu amado está batendo.
> Abra-me a porta, minha irmã,
>> minha querida, minha pomba,
>> minha mulher ideal,
> pois a minha cabeça
>> está encharcada de orvalho,
> o meu cabelo, da umidade da noite. (5.2)

Nesse ponto, a antiga maneira da donzela de servir inutilmente e de viver na carne havia cessado. Ela parecia estar descansando; nenhum movimento, nenhuma atividade, nenhum esquema, nenhuma luta, nenhuma altivez e nenhuma ansiedade surgindo da carne para reivindicar seus direitos. A experiência da cruz cuidara de seus pecados e de tudo o que derivava de energia carnal. A vida carnal se acalmara, e ela se encontrava em doce repouso espiritual. Vemos, então, que o pecado estava inativo e o "eu" natural, inoperante. Todo o seu ser havia sido transportado a um aparente estado de amor repousante no Amado.

Apesar de tudo isso ser verdadeiro por um lado, por outro ela se mantinha em atividade, uma atividade interior de meditação, de fé, de reivindicação, de vida, de trabalho, porque dentro dela havia um fluxo vibrante de vida — a vida ressurreta de Cristo, e essa vida extraordinária estava presente e viva dentro dela por meio do Espírito Santo que ali habitava. A expressão externa era de descanso silencioso e doce tranquilidade de alma, mas o espírito interior estava vivo e ativo.

Vemos aqui a grande diferença entre o homem exterior e o homem interior na vida do crente. Um deve estar em descanso exterior, mas muito acordado e alerta no interior, e nunca dormindo por completo. Essa descrição coincide exatamente com o testemunho do apóstolo Paulo em Gálatas 2.20a: "Fui crucificado com Cristo. Assim, já não sou eu quem vive, mas Cristo vive em mim". Nessas palavras, o apóstolo personificou uma união e comunhão completas com o Senhor Jesus Cristo, e uma pessoa como essa é incomumente sensitiva, alerta e com total sensibilidade para ouvir a voz suave de Deus a qualquer momento. Esse homem interior nunca dorme. Assim que o Senhor a chamou, a donzela ouviu-o de imediato e reconheceu que ele se dirigia a ela com palavras extremamente afetuosas: "minha irmã", "minha querida", "minha pomba".

Com que propósito o Senhor a chamou dessa vez? Lemos que ele bateu na porta e pediu: "Abra a porta, minha irmã". Na parte inicial do Cântico, o Senhor apresentou-se

Amor transformador

a ela como Rei e procurou um trono de autoridade no coração da Amada. Depois foi até ela com outro chamado, desejando libertá-la da prisão de um muro erigido pela própria Amada, para que ela pudesse apreciá-lo em sua vida ressurreta e em todas as circunstâncias que ele preparou. Finalmente, depois de revelar-se como seu Noivo-Eleito, ele criou um relacionamento de amor entre ambos.

No versículo em pauta, ele faz uma revelação totalmente diferente a ela. "Minha cabeça está encharcada de orvalho, o meu cabelo, da umidade da noite." Que tipo de descrição é essa? O que significa? Aparentemente ele está falando de si mesmo e retratando sua agonia no jardim de Getsêmani. Naquele jardim, sua cabeça sagrada cobriu-se com o orvalho da noite enquanto ele lutava em oração e a umidade da noite caía sobre ele. "Estando angustiado, ele orou ainda mais intensamente; e o seu suor era como gotas de sangue que caíam no chão" (Lucas 22.44). Assim, ele se fez conhecido, inequivocamente, de que era "um homem de dores e experimentado no sofrimento" (Isaías 53.3).

Nas partes anteriores do Cântico, vimos a cruz em seu primeiro efeito: para remissão dos pecados. Depois vimos a cruz unindo o crente a Cristo na mais íntima união de amor e relacionamento. Um pouco mais adiante, vimos o efeito da cruz ao libertar o crente do apelo do mundo e da corrupção do "eu". Vimos todas essas coisas exibidas na Amada, e testemunhamos sua vitória progressiva, bem como um entendimento gradual dos valores da cruz. Após esses tremendos exercícios e essa conquista espiritual, alguém poderia imaginar que são a soma total de toda a experiência espiritual e que nada resta senão alguns passos para a ressurreição física e a glória eterna.

CÂNTICO DOS CÂNTICOS

Mas não são! Há mais uma fase profunda da cruz em sua aplicação ao crente — uma fase que até a Amada ainda não conhecia nem compreendia. Era um aspecto da cruz a respeito do qual ela podia dizer que tinha um pouco de experiência, mas que, na melhor das definições, era extremamente superficial e elementar. Na verdade, ela já sabia da existência de um sofrimento peculiar ligado à cruz na experiência humana, mas não tinha conhecimento da abrangência daquele sofrimento em sua verdadeira largura e profundidade. Estava bem consciente e muito bem treinada na aplicação da cruz à sua vida interior, mas ainda não sabia até que ponto aquela cruz modelaria sua vida inteira. Agora o Senhor a chama de crente-discípula, para ter uma experiência do mistério total da cruz.

Há uma verdade terrível sobre a qual o Getsêmani falou com tanta eloquência: Deus, o Pai, rejeitou seu Filho amado com aquele desprezo mencionado em Isaías 53.3,4: "Foi desprezado [...] nós o consideramos castigado por Deus, por Deus atingido e afligido". Embora o crente comum esteja ciente do aspecto redentor do sacrifício da cruz, é possível que não conheça, por experiência própria, a vergonha de ser desprezado pelo Pai. Foi essa fase que causou o maior sofrimento ao Senhor Jesus Cristo.

Entre tantas outras aflições anteriores, ele conseguiu encontrar um aspecto glorioso nas provações e foi sustentado e consolado nelas, porque em todas as aflições anteriores a presença do Pai esteve com ele. Mas depois — naquele dia terrível — ele não foi apenas desprezado pelos homens, mas aparentemente pelo Pai também. O Pai virou-lhe o rosto, e não apenas isso — o que aconteceu com o Senhor Jesus Cristo

144

na cruz parecia ser castigo de Deus. Podia-se ver nessas coisas, por assim dizer, a própria mão de Deus. O castigo de Deus foi tão manifesto naquele extraordinário sacrifício substitutivo que Cristo foi completamente desprezado pelos homens, e foi essa mistura do desprezo divino com o desprezo humano que provou ser a maior vergonha de nosso Senhor.

Na fase redentora da cruz, o Senhor não chamou, não pôde chamar, seus amados para se unirem a ele, isto é, não podíamos dividir com ele a expiação do pecado. No entanto, ele nos faz um chamado para termos comunhão com ele em outros aspectos da cruz, e precisamos entender esse chamado. Em nossa condição pecaminosa, os problemas que encontrávamos pertenciam ao pecado, ao mundo, a Satanás e à nossa vida naturalmente corrupta. Ao ser libertos, fomos identificados com nosso Senhor em seu sofrimento e na sua morte e, assim, passamos a conhecer algumas marcas da cruz, tanto na salvação como no desenvolvimento da vida cristã. Mas a experiência profunda de nos identificarmos com o Senhor em seu sofrimento, quando ele foi desprezado tanto pelos homens quanto por Deus, é um tanto estranha para nós no início da vida e da experiência cristãs em razão de nossa imaturidade.

Ouvimos o Senhor dizer: "Abra-me a porta", o que significa um novo chamado para a Amada, pedindo que ela abra o coração ainda distante dele, e agora o receba como alguém com a cabeça coberta pela umidade da noite. Nessa fase, ela precisava passar pela experiência de sentir a vergonha mais profunda da cruz e saber o que significava receber o desprezo de Deus. Ele dirige-se a ela como "minha irmã", indicando que a vida divina estava dentro dela; como "minha noiva", indicando que ela conhecia o propósito de Deus; "minha pomba", indicando que o Espírito Santo estava presente dentro dela; "minha mulher ideal", indicando a santidade, a castidade e a dedicação da vida dela. Ele não a chama de "minha noiva", porque faria uma pausa e esperaria para ver a reação dela à sua exigência maior — se a verdadeira natureza da noiva se manifestaria completamente. Essa reação seria uma forma de mostrar-se disposta a ter uma união tão completa com ele a ponto de dividir até mesmo uma mancha de opróbrio com o Noivo Amado.

Assim, o Senhor busca encontrar nela uma porta aberta para uma nova revelação. Ah, sim, ela já abrira o coração a ele para recebê-lo como Rei de sua vida. Agora o Senhor queria que ela o recebesse, espontaneamente, como um "homem de dores e experimentado no sofrimento". Vemos nessa questão profunda como o Senhor desejava conduzir a Amada para participar de seus sofrimentos e seguir seus passos, a fim de tornar-se semelhante a ele em sua morte. O Senhor, contudo, não a forçaria a andar naquele caminho. Não haveria nenhuma pressão contra a sua vontade. Ele apenas bateria na porta e faria o pedido até que ela se dispusesse a concordar.

O *segundo* assunto são as desculpas da donzela. Esse chamado ultrapassa o entendimento do crente por um tempo. A maioria desconhece o fato de que a cruz inclui um aspecto de vergonha. Eles não estão familiarizados com algumas experiências da cruz e, na verdade, podem muito bem ter sofrido por ter dado testemunho dela, sendo perseguidos e envergonhados pela maldade dos homens. Nesse tipo de desprezo, eles encontraram glória, esperança, vida e poder. Gloriaram-se nele. Nunca imaginaram, por um momento sequer, que a cruz na qual se gloriavam poderia transformar-se em vergonha pessoal. E essa vergonha não é simplesmente a perda do nome ou da reputação em termos humanos. É a perda até da fama espiritual, para que o homem chegue a considerar-se como alguém "castigado por Deus, por Deus atingido e afligido".

Agora o Senhor leva o crente, representado pela donzela, a atravessar um período de prova no qual não há consolo nem solidariedade de amigos e conhecidos, mas, ao contrário, o crente será mal compreendido por eles e repreendido e censurado por Deus. A verdade é que tal crente pode ter sentido a vergonha do mundo, mas nunca esse tipo de repreensão espiritual. Esse vexame e mau entendimento levantam dúvidas quando ao relacionamento entre o crente e Deus. Por que foram, aparentemente, abandonados por Deus? É nesse ponto que o crente passa a compreender a que Colossenses 1.24 se refere: "e [eu] completo no meu corpo o que resta das aflições de Cristo, em favor do seu corpo, que é a igreja".

Como é maravilhoso esse novo chamado! Tão profundo, mas, oh, tão cruel! Não é de admirar que a Amada se encolheu de medo ao ouvi-lo. Ela pode ter ponderado e pensado consigo mesma: "A glória de Deus não é a coisa mais importante que existe? E eu me consagrei a ele e planejei servi-lo para sua glória. E se agora ele me conduzir a uma experiência na qual serei mal compreendida e perderei meu bom nome e reputação entre os homens? E se ele me deixar confusa como se houvesse algo errado entre mim e Deus? Como, então, que ele poderá ser glorificado?".

Talvez, nessa experiência, ela estivesse sinceramente mais preocupada com a glória de Deus do que com o que lhe aconteceria. Isso significa separar-se da cruz, e prossegue até o momento em que ela se separa de tudo e é levada a um lugar onde até sua preocupação com a glória de Deus tem de ir também. A cruz precisa atingir a raiz natural da vida até que o crente esteja disposto a aceitar o destino ou o quinhão designado pelo Senhor e permitir que Deus cuide de sua própria glória.

Havia algo mais. À Amada, que recebera esse chamado mais intenso de comunhão, surgiu outro dilema ligado à sua preocupação pela obra de Deus. No passado, graças ao seu maior conhecimento a respeito da cruz, ela atraíra para si muitas pessoas que desejavam conhecer com mais perfeição o caminho do Senhor. Assim, sua experiência da cruz/vida transformou-a em um rio de vida para conduzir aqueles que conheceriam o Senhor posteriormente. Agora, no entanto, se ela respondesse ao novo chamado dele e o aceitasse, e se concordasse em ser levada a um lugar de vergonha e desprezo, essa atitude não significaria perda de posição e influência no serviço dele e diminuição de oportunidade para servi-lo? De fato, anteriormente foi a sua experiência com a cruz que atraiu outras pessoas para obter ajuda e orientação, mas, agora, será que a vergonha e o desprezo causados pela cruz não as afastariam dela? Será que alguém se aproximaria dela de novo para aprender o caminho do Senhor? Pensamentos como esses podem ter suscitado um novo conflito dentro dela a ponto de provocar um dilema de grandes proporções.

Ela reage, portanto, com uma desculpa.

> Já tirei a túnica;
> terei de vestir-me de novo? (5.3a)

Amor transformador

Em outras palavras: "Em minha vida e comportamento exteriores, a cruz já tirou aquilo que era uma expressão de minha antiga natureza e modo de vida. Por que, então, eu preciso levantar-me agora para aceitar essa vergonha e solidão peculiares da cruz e, dessa forma, provocar mal-entendidos na mente de outras pessoas, como se eu estivesse vestindo uma roupa da qual já me livrei? Não basta ter uma experiência da cruz que efetivamente despe a antiga criação?". Esse foi o raciocínio dela.

É nessa fase que muitos crentes não compreendem os dois aspectos da cruz, um positivo e um negativo. Para muitos, a cruz é conhecida apenas em seu lado negativo, que despe o crente do antigo modo de vida. Naquele instante, a atenção da donzela concentrou-se nesse aspecto, ou seja, que a cruz já havia resolvido o assunto da antiga criação. Mas ela não entendeu a aplicação e o uso da cruz como meio de conduzi-la à vida triunfante de Cristo que vencera a morte e "aquele que tem o poder da morte, isto é, o Diabo".[1] Ela percebeu apenas a aplicação da cruz que havia resolvido o assunto das obras da carne.

Não entendeu, porém, que a cruz governava o ato de servir nessa nova caminhada e, na verdade, tornou esse serviço possível. Sem dúvida, ela não entendeu que esse serviço positivo pertencia ao lado da cruz relacionado à ressurreição e estava, portanto, além da cruz. Não percebeu que esse serviço é a expressão do aspecto positivo da cruz, e que a cruz imprime na nova criação uma marca de vergonha, sofrimento e mal-entendido. A vida do Senhor Jesus foi

---

[1] Hebreus 2.14. [N. do T.]

originariamente a vida da nova criação, mas em seu corpo abençoado foram impressas todas aquelas marcas da cruz.

> Já lavei os pés;
>> terei de sujá-los de novo? (5.3b)

Além de seu corpo ter sido banhado — isto é, além de sua vida ter sido limpa e purificada dos pecados —, o pó, a sujeira e as impurezas do mundo que enlameiam os crentes haviam sido fielmente removidos com cuidado dia após dia. É evidente que ela mantinha uma limpeza constante, para que nenhuma impureza do mundo deixasse nela uma aparência de desvio, pois tudo o que ela desejava era avançar. Vemos aqui de novo que sua atenção era unicamente dirigida a manter-se limpa, o que é um fato negativo. Ela não entendeu que a impureza da qual tinha medo — levantar-se para abrir a porta para o Senhor — não era absolutamente nenhuma impureza. Sua justificativa mostra simplesmente que existe algo bom que pode ser inimigo do melhor — uma boa medida de identificação com Cristo que não é a mais completa e que pode ser satisfeita antes da mais alta.

Na verdade, o ponto crucial do assunto em pauta era simplesmente uma revelação do fato de que ela estava satisfeita com a boa medida da experiência já conhecida com Cristo, sem se dar conta da importância de alcançar o que Paulo diz em Filipenses 3.10: "Quero conhecer Cristo, o poder da sua ressurreição e a participação em seus sofrimentos, tornando-me como ele em sua morte". Inconscientemente, uma forma sutil de autoconsideração havia surgido novamente, impedindo-a de segui-lo. Em razão de seu rico

Amor transformador

passado de experiências, tanto na vida como em serviços, tudo para a glória de Deus, ela passou a considerar-se como alguém que ocupava uma posição de liderança e autoridade em assuntos espirituais, e sua pergunta mostrou realmente falta de disposição para alterar sua condição espiritual. Mas esse novo chamado do Senhor Jesus foi dirigido especificamente para perturbar aquela situação.

De fato, todo progresso espiritual precisa necessariamente incluir uma mudança da condição atual e ordem das coisas, não importa quais sejam. A disposição para mudança é exatamente o preço do progresso. Desejar complacência espiritual, ou descansar nela, o tempo todo é, e sempre será, um meio de recusa a ser motivado para um chamado mais alto ainda. Sempre que nos tornamos espiritualmente complacentes, nossa consciência se aquieta e não denuncia nossos erros. Na verdade, parece não haver nenhum mal para perturbar a consciência. E, embora muitas de nossas experiências espirituais possam ser derivadas da morte e ressurreição de nosso Senhor, descobrimos que falta interesse em buscar um pouco mais o grande propósito de Cristo para nós. Coisas que se encaixam em um modo de vida acomodado quase sempre não exigem esforço adicional para buscar algo novo. Ao contrário, começamos a temer que essa busca nos roube a alegria de nossa paz atual. Esse é um erro perigoso, e deixa o nosso Senhor do lado de fora, no frio e na umidade da noite.

O *terceiro* assunto a observar é o fato de ela abrir a porta.

O meu amado pôs a mão
    por uma abertura na tranca;

CÂNTICO DOS CÂNTICOS

meu coração começou
    a palpitar por causa dele.
Levantei-me para abrir-lhe a porta;
minhas mãos destilavam mirra,
meus dedos vertiam mirra,
    na maçaneta da tranca (5.4,5).

Aqui, o problema com a Amada não se referia à recusa, mas à fraqueza da carne. Até agora, sua vontade esteve completamente comprometida com o Senhor, mas esse tipo de demora revelou sua maneira natural de fazer as coisas, seu modo rotineiro de viver, sua lentidão para agir. A verdade é que havia dentro dela uma ausência total de qualquer outro problema que não fosse a necessidade de força exterior. Se houvesse alguma deslealdade da parte dela, um sério abandono das afeições espirituais ou dureza de coração, certamente ela não teria saído do lugar para abrir a porta.

Então o Senhor "pôs a mão por uma abertura na tranca". Todo esse movimento da parte dele foi um chamado para que ela tivesse uma comunhão mais profunda com sua cruz, não um castigo por negligência espiritual. Foi aquela mão que a abraçara, a mão que se colocara tão ternamente sob sua cabeça, a mão com a cicatriz do prego. Agora, o Senhor usa a mesma mão para fazer um apelo a ela e pedir que o acompanhe nessa comunhão mais profunda. Pôr a mão por uma abertura da tranca dá a entender que o Senhor fez o possível para ser conhecido nessa revelação peculiar a ela por meio de uma única parte de seu corpo. Ao usar a mão, ele a faz lembrar-se dele próprio, porque a mão marcada pela cicatriz era uma representação do que se passava em seu coração — uma revelação de seu real e verdadeiro "eu".

Amor transformador

Em termos gerais, todas as nossas experiências e exercícios espirituais são resultado de sermos atraídos por Cristo. Não há possibilidade de libertação de nenhum estado de complacência, a não ser depois de contemplarmos uma nova revelação do próprio Senhor Jesus Cristo, e a pedido dele. Só então sentimos o desejo de dar um passo à frente em resposta a ele e, assim, seguir adiante com ele. Por certo, para alguém que o conheceu e esteve com ele, poderia haver apenas uma ternura por ele. No entanto, como são poucas as pessoas hoje em dia que são tocadas como aquela donzela diante da aproximação e do pedido do Senhor! Também é pequeno o número daquelas que são capazes de discriminar e distinguir entre ser tocada pela pregação da Palavra e ser tocada pelo próprio Senhor.

A Amada levanta-se para abrir a porta. Depois de ter sido posta à prova pelo pedido dele, agora ela se dispõe a abandonar todas as desculpas e aceitar a vergonha da cruz como a parte que lhe coube. E tal é a sua determinação agora que ela movimenta a mão para abrir a porta. Quando diz: "minhas mãos destilavam mirra, meus dedos vertiam mirra", ela queria mostrar que naquele momento havia sobre sua pessoa não somente o poder, mas também a fragrância da morte do Senhor. Foi como se ela estivesse segurando na mão uma possessão pessoal daquela vida de Cristo, que passara pela morte, e daquela vida que, elevando-se como uma onda dentro dela, a fez levantar-se e sair do lugar para abrir a porta. Ela precisava percorrer o caminho inteiro com ele. A tranca da porta representava a vontade dela, mas agora até a maçaneta da tranca estava impregnada com a doce fragrância da morte dele.

Em *quarto* lugar, observamos que o Amado se retira e se esconde dela.

Eu abri, mas o meu amado se fora;
o meu amado já havia partido.
Quase desmaiei de tristeza!
Procurei-o, mas não o encontrei.
Eu o chamei, mas ele não respondeu. (v. 6)

Para uma pessoa que no passado, por falta de reação, havia sido tratada pelo Senhor de maneira muito pessoal, foi surpreendente a ausência do castigo de Deus naquela circunstância. A resposta, sem dúvida, é que Deus aplica sua disciplina aos crentes maduros só depois de receber uma reação de obediência. Somente depois de reagir é que a pessoa entende como foi vergonhosa a sua desobediência ou falta de reação. Nas fases iniciais da experiência espiritual, o castigo vem antes da obediência, com o propósito de provocar obediência. E continua até haver obediência. Mas, ao crente maduro, o castigo ou disciplina ocorre depois do ato de obediência, quando ele descobre a amargura resultante daquele espírito complacente que não quis acompanhar o Senhor.

Houve uma sensação de alarme na Amada ao ver que havia perdido o Amado novamente. No passado, ela havia perdido a presença consciente dele em razão de sua ignorância, mas agora sua aflição era de natureza intensamente espiritual. A sensação foi a de ter o espírito envolvido e cercado por um manto de trevas — uma experiência na qual não havia nenhum reflexo de luz. Ela lembrou-se agora do tempo em que ele a chamou e de como sua alma seguira em direção a ele.

Portanto, por algum motivo desconhecido, ela se sente culpada. Por que sua força exterior não reagiu de forma idêntica ao seu espírito interior? Qual o motivo das desculpas

Amor transformador

hipócritas para obter força exterior que fizeram o Senhor esconder sua face gloriosa? E o que ela poderia fazer naquele dilema, a não ser sair para procurá-lo de novo e chamá-lo? Mas ele não estava em lugar nenhum. Não respondeu ao chamado dela. Nessa fase, a busca da donzela foi completamente diferente de sua busca em tempos passados. Agora ela não estava na rua nem nas praças da cidade, mas na verdadeira presença de Deus. No entanto, até sua oração parecia ser inútil. Aquele foi um exercício novo e bem mais profundo.

O *quinto* assunto a ser observado é o ferimento sofrido pela donzela.

> As sentinelas me encontraram
> enquanto faziam a ronda na cidade.
> Bateram-me, feriram-me;
> e tomaram o meu manto,
> as sentinelas dos muros! (v. 7)

Dessa vez ela não procurou as sentinelas como antes. Para as sentinelas, ela se tornara alguém de feições muito belas — alguém que havia sido totalmente transformada. Elas não entenderam como uma pessoa tão madura podia ter perdido seu amado. Pode ser que tiveram a intenção de ajudá-la, mas sua conversa e conselhos só causaram dor e sofrimento à donzela. Ela precisava ser consolada pelas sentinelas, mas só recebeu reprovação. Veja esta bela citação da sra. Penn-Lewis a respeito de Salmos 69.26: "Porque eles perseguem aqueles que espancaste; e falam da dor daqueles que feriste".

Na verdade, as sentinelas não sabiam como ajudar alguém em tal dilema. Se o Senhor se escondeu, as sentinelas concluíram que ela devia ter cometido um erro. Mal sabiam quanto sofrimento lhe causaram por causa desse mal-entendido. Presumindo que uma descompostura ajudaria, as sentinelas a repreenderam com palavras como se fossem armas afiadas e penetrantes. Naquele momento, portanto, ela poderia ter gritado as palavras de Salmos 69.20:

> A zombaria partiu-me o coração;
>> estou em desespero!
> Supliquei por socorro, nada recebi;
>> por consoladores, e a ninguém encontrei.

"Tomaram o meu manto." Seu sofrimento parecia não ter fim. Além de não ter recebido ajuda e consolação, ela passou a ser motivo de escárnio à vista de todos. As sentinelas do Senhor, em vez de evitar repreensões em público, começam agora a expô-la e, por conseguinte, noticiar seu suposto fracasso. Foram as sentinelas que a trataram com aspereza e injustamente quando lhe tomaram o manto, deixando-a exposta à vergonha e à humilhação. De fato, eles tornaram público o suposto fracasso da donzela. E, da mesma forma que ocorreu com Jó no passado, os amigos de quem ela esperava ajuda passaram a condená-la.

O grupo de sentinelas era composto por líderes responsáveis pela Casa de Deus. Do ponto de vista de qualificação espiritual, eles deveriam ter habilidade para aconselhá-la. No entanto, como quase sempre ocorre, as pessoas consideradas espirituais são as mesmas que entendem mal e representam mal um companheiro cristão. Vemos, então, que a atitude de irmãos responsáveis pode estar errada, mas a denúncia

Amor transformador

desse erro pode cair sobre nós pela vontade e permissão de Deus, para sabermos onde estão nossos pontos fracos. Quando nosso relacionamento com o Senhor não se encontra estagnado, mas progressivo e avançando de acordo com sua vontade, o Senhor pode estender o cetro de seu domínio sobre esses irmãos zelosos e tratá-los como merecem. Mas se alguém como a Amada tiver chegado a um lugar de estagnação, sem nenhum progresso, o Senhor poderá permitir que os irmãos zelosos tratem tal pessoa com grosseria e crueldade — mais do que ele próprio faria para nos disciplinar.

Em *sexto* lugar, vemos que ela procura a ajuda das mulheres de Jerusalém.

> Ó mulheres de Jerusalém,
>   eu as faço jurar:
> se encontrarem o meu amado,
>   que dirão a ele?
> Digam-lhe que estou doente de amor. (v. 8)

Ao ver que não conseguiria encontrar a ajuda necessária daqueles homens de calibre espiritual, agora a donzela pede ajuda a pessoas espiritualmente menos maduras que ela, por ter chegado à conclusão de que o afastamento da luz da face do Senhor resultara em um espírito complacente. Em completo abandono, ela pensou que até mesmo as mulheres de Jerusalém poderiam ajudá-la — ao menos seriam mais solidárias que as sentinelas. Ela quer dizer o seguinte: "Fracassei. Se possível, orem por mim, por favor".

Tão grande foi seu esforço e percepção a respeito da sensação de fracasso que ela imaginou que até os bebês no

CÂNTICO DOS CÂNTICOS

Senhor poderiam ser qualificados para ajudá-la — tal era o desespero de sua situação. Ela estava ciente de sua imaturidade e união imperfeita com o Senhor. Foi essa conscientização que provocou estas palavras hesitantes: "se encontrarem o meu amado". Ela bem sabia que as mulheres teriam dificuldade de encontrá-lo, mas, em meio a um remorso sufocante e uma necessidade desesperada de ajuda, ela prevê que poderia haver uma ou duas mulheres de Jerusalém capazes de encorajar um pouco o seu espírito. Sua oração parecia estar definitivamente obstruída; portanto, tudo o que ela podia fazer era procurar apoio de outras pessoas. A mensagem que ela transmitiu foi: "Estou doente de amor".

Essa declaração foi expressa pela segunda vez com as mesmas palavras, mas ambas foram feitas em circunstâncias totalmente diferentes. Na primeira vez (3.5), a donzela estava vivendo na correnteza do amor; agora estava atravessando um período muito árido. Falar dessa forma em tempos de profunda e crescente emoção seria compreensível, mas dizer tais palavras em tempos de severa e intensa adversidade, trevas e anseio não satisfeito era totalmente incomum. Isso provou que sua vida de fé dera um grande passo adiante. Ela aprendera a controlar o ambiente e a governar suas emoções. A doença de amor não foi provocada por sua sede e fome físicas terem sido saciadas, mas por uma fome muito maior e uma sede de amor pelo Amado. Agora ela sente muita saudade dele.

A *sétima* consideração é a indagação feita pelas mulheres de Jerusalém.

> Que diferença entre o seu amado
> e outro qualquer,

Amor transformador

> ó você, das mulheres a mais linda [...]
> para você nos obrigar a tal promessa? (v. 9)

Embora não possuíssem a vida plena da nova criação, as mulheres de Jerusalém foram capazes de reconhecer a qualidade superior da vida da Amada — sua beleza espiritual: humildade extraordinária na vida da nova criação, seu caráter de santidade e seu toque de glória. Essas características foram reconhecidas por elas como dignas de louvor e elogio, embora elas próprias não possuíssem tais virtudes. Era verdade que naquele momento a donzela perdera a luz do semblante do Amado, mas ainda era "das mulheres a mais linda" — a mais bela entre todas as belas, porque possuía a formosura que não acaba.

A título de comparação, Cristo, o Amado, não possuía *nenhum* rival no que se refere a perfeições de caráter. Não há *ninguém* que possa ser comparado a ele. No entanto, é o que ocorre com algumas pessoas que não possuem a inteligência madura e as afeições da noiva. Elas o comparam inevitavelmente a outros homens. Pelo modo que elas veem as coisas, o Senhor Jesus não é totalmente completo na perfeição de sua humanidade. Essas pessoas não o conhecem simplesmente porque fazem comparações ou contrastes. O Amado era realmente superior a todos os outros amados. Mas a pergunta das mulheres de Jerusalém revelou que, apesar de estarem no sistema da graça, não lhes havia sido dado, por enquanto, aquela revelação íntima do próprio Senhor. Elas necessitavam, portanto, aprender mais a respeito dele com a luz refletida brilhando através da donzela.

CÂNTICO DOS CÂNTICOS

Então, em *oitavo* lugar, temos a descrição pessoal que a donzela faz do Amado. J. N. Darby pensa que a implicação aqui é óbvia. Todas as vezes que fala das perfeições do Noivo Amado, a noiva está sempre segura da feliz aprovação dele. Normalmente, é aos outros que ela expressa suas impressões e sentimentos a respeito dele, e raramente direto a ele. Por outro lado, quando fala dela, ele invariavelmente se dirige direto a ela e fala de modo livre e espontâneo, sentindo-se perfeitamente à vontade. Permite que ela saiba que ele se deleita nela. Quando pensamos em Cristo e em nosso relacionamento com ele, isso é verdadeiramente belo e apropriado!

Estimulada pela pergunta das mulheres, a donzela expressa suas impressões a respeito do Amado. Assim, o Senhor despertou nela as revelações anteriores que mostrariam sua imagem com brilho. Ao lembrar as características dele que conheceu no passado, ela revivia espontaneamente sua apreciação por ele no presente.

Há um aspecto muito notável, ou seja, a revelação na qual recebemos anteriormente do Senhor Jesus por meio do Espírito Santo é, às vezes, muito nebulosa, mas nunca é completamente perdida. Fosse qual fosse a dificuldade atual, a Amada ainda era a conselheira superior daquelas representadas pelas mulheres de Jerusalém. As provações pelas quais ela passou ainda eram melhores que sua aparente vitória.

Sua primeira declaração encontra-se no versículo 10:

> O meu amado tem a pele bronzeada;
> ele se destaca entre dez mil.
> O meu amado *é* branco [radiante] e corado;
> ele é o chefe entre dez mil (*Bíblia King James*).

160

Amor transformador

Esse era um tipo de descrição geral. Fala da santidade dele e de quanto ele está separado dos pecadores. A palavra "branco" que o descreve não é uma tonalidade pálida, ou palidez de morte, mas "branco e corado" — um bronzeado que demonstra saúde perfeita. Isso indica que ele estava vibrante de plenitude e poder, e como Davi, que era "ruivo [ou moreno], de belos olhos e boa aparência" (1Samuel 16.12). Era o brilho da saúde da juventude. Vemos que, nas regiões mais altas da vida espiritual, o Senhor se faz conhecido como cheio do poder da vida, mesmo tendo sobre si o brilho da eterna juventude. Desde o dia em que ele esteve no templo aos 12 anos de idade até o dia em que se sentou no céu à direita do Pai, ele nunca demonstrou perda de força ou de poder.

É por isso que ele é conhecido como aquele que "se destaca entre dez mil", isto é, aquele de quem todo o seu povo se aproxima. Cristo foi, e sempre será, o estandarte de seu povo, que será erguido com esperança, conforme lemos em Isaías 59.19b: "Quando o inimigo vier a entrar como uma inundação, o Espírito do SENHOR erguerá um estandarte contra ele" (*Bíblia King James*). O estandarte significa a cruz. O Senhor Jesus foi erguido como um estandarte — "o Cordeiro que foi morto"[2] —, mas em todos os lugares onde seu nome é proclamado dezenas de milhares aproximam-se dele. Ninguém pode competir com ele. Para seus santos, "ele se destaca entre dez mil".

Após a proclamação de tudo o que a impressionou a respeito dele, ela agora analisa a impressão que recebeu do Espírito do Senhor.

---

[2] Apocalipse 13.8. [N. do T.]

Sua cabeça é como ouro, o ouro mais puro (v. 11a).

Essa é uma descrição dos atributos divinos do Senhor Jesus. Ele possuía a vida de Deus e a glória de Deus. "Pois em Cristo habita corporalmente toda a plenitude da divindade." (Colossenses 2.9a.) Esse Cristo, estabelecido por Deus como Cabeça de todas as coisas, possui tudo de Deus habitando nele. Não há nada em Deus que não esteja nele. Portanto, nós o consideramos a "Cabeça, a partir da qual todo o corpo, sustentado e unido por seus ligamentos e juntas, efetua o crescimento dado por Deus" (v. 19).

Seus cabelos ondulam ao vento [...];
são negros como o corvo. (v. 11b)

"Negros como o corvo" é uma indicação do vigor e poder eternos do Senhor Jesus. Ele se manifesta como aquele com cabeleira eterna. No texto, os cabelos negros falam do vigor de sua vida eterna que nunca deteriora nem diminui. De fato, quando o vigor da vida de alguém começa a declinar, as Escrituras descrevem como cabeça branca. "Seu cabelo vai ficando grisalho, mas ele nem repara nisso"[3] é a ilustração adequada de Oseias sobre a perda inconsciente do poder espiritual de Efraim. O Senhor Jesus, no entanto, não tinha nenhum fio de cabelo branco em sua cabeça, conforme descreve a Amada. Havia nele o frescor permanente da vida eterna — "Jesus Cristo é o mesmo, ontem, hoje e para sempre" (Hebreus 13.8).

---

[3] Oseias 7.10b. [N. do T.]

> Seus olhos são como pombas
>   junto aos regatos de água,
>   lavados em leite,
>   incrustados como joias. (v. 12)

Os olhos são o centro da expressão, e essa descrição fala também de uma intimidade conhecida pela noiva. Palavras e letras são também meios de comunicação, mas destinam-se a quem está distante ou em país longínquo. A expressão dos olhos é para quem está muito perto, e vemos aqui a estreita proximidade da Amada com o Amado quando ela apresenta essa descrição. O Espírito Santo desceu como pomba sobre o Senhor, e a mais bela característica da pomba são os olhos. Foi a unção do Espírito que acrescentou ternura aos olhos do Senhor em sua expressão de amor ao Amado.

"Junto aos regatos de água", ou "correntes das águas" (*Bíblia King James*), significa o brilho radiante daqueles olhos, que brilhavam com ternura e afeição. "Lavados com leite" significa que os pensamentos dele brilhavam e eram tão puros que exerceram um efeito purificador nela. O texto diz também que os olhos dele estavam "adequadamente ajustados" (*Bíblia King James*) ou, como podemos dizer, bem posicionados ou convenientemente localizados, o que indica que ele a via com grande favor e entendimento. Os olhos do Senhor são seus instrumentos de terna expressão aos crentes que buscam, como fez a donzela, afeições maduras. Para esses crentes, os olhos do Senhor são tão belos quanto os olhos das pombas — cheios de vida, livres de doença ou contaminação, expressando pensamentos puros de amor e focando com visão bem proporcionada. Assim, o Senhor nunca corre o risco de ver de forma errada ou ver a coisa errada.

Suas faces são como
um jardim de especiarias
que exalam perfumes. (v. 13a)

Essas mesmas faces haviam sofrido muita vergonha e desprezo.

Ofereci minhas costas
àqueles que me batiam,
meu rosto àqueles
que arrancavam minha barba;
não escondi a face da zombaria
e dos cuspes. (Isaías 50.6)

Suas faces também foram alvo de escárnio dos homens: "Cuspiram nele e, tirando dele a vara de sua mão, batiam com ela na cabeça" (Mateus 27.30). Não é de admirar, então, que uma pessoa crente como essa considerasse suas faces como um jardim de especiarias perfumadas ou ervas aromáticas.

Seus lábios são como lírios
que destilam mirra. (v. 13b)

Os "lírios" aqui mencionados falam da glória real, como em Mateus 6.28,29: "Vejam como crescem os lírios do campo. [...] nem Salomão, em todo o seu esplendor, vestiu-se como um deles". Quão gloriosos são os ensinamentos de Cristo! E quão doces eram as palavras que saíam de sua boca! Tinham doce sabor, como gotas de mirra, porque "ninguém jamais falou da maneira como esse homem fala"

Amor transformador

(João 7.46a) e "todos falavam bem dele, e estavam admirados com as palavras de graça que saíam de seus lábios" (Lucas 4.22). O salmista disse: "Derramou-se graça em teus lábios" (Salmos 45.2). Não é de admirar que os homens o elogiavam tanto e se encantavam com suas palavras.

Acima de tudo, as gotas de mirra não indicavam apenas a fragrância da graciosidade, mas também a identificação que a donzela tinha com ele em sua morte. A implicação é que na vida da donzela a morte do Senhor destacou-se nos tons evidentes de sua obra. As gotas de mirra que seus lábios destilavam e tudo o que ele disse com palavras de bênção e graça chegaram até ela por causa da morte dele na cruz. Se tais palavras proclamaram "seus pecados estão perdoados", "vá em paz", "creia e você viverá" ou "levante-se e ande" — todas essas palavras maravilhosas e cheias de graça foram proferidas na força da morte redentora de Cristo na cruz.

> Seus braços são cilindros de ouro
> com berilo neles engastado. (v. 14a)

A palavra "cilindros" é a mesma palavra hebraica que designa "dobradiça" (ou "dobrável") como em 1Reis 6.34, o que sugere que o intuito deles nunca sai do rumo nem seu propósito é perdido. "Ouro" representa a Divindade. Os cilindros de ouro seguram ou envolvem a donzela em uma forma divina, para que o propósito de Deus seja cumprido nela. A palavra "berilo" é mencionada muitas vezes no Antigo Testamento; por exemplo, em Ezequiel 1.16a: "Esta era a aparência das rodas e a sua estrutura: reluziam como o berilo" e também em Daniel 10.6a: "Seu corpo era como berilo".

CÂNTICO DOS CÂNTICOS

Os dois versículos encerram a ideia de firme estrutura. Na visão de Ezequiel, vemos que o bondoso poder de Cristo, expresso no trono com "uma figura que parecia um homem [sobre o trono]" (1.26),[4] estava no lugar de controle, embora as rodas do governo de Deus estivessem sempre girando. Mais adiante, em Daniel, vemos o Senhor Cristo com um corpo como berilo ainda sustentando e dirigindo os assuntos de seu povo e impelindo-o a avançar até a consumação final. Os "cilindros de ouro com berilos neles engastado" falam da força das mãos do Senhor para estabelecer com firmeza e cumprir os propósitos de Deus.

> Seu tronco é como marfim polido
> adornado de safiras. (v. 14b)

A palavra "tronco" é entendida melhor como o centro das emoções, semelhante à palavra que expressa sentimento profundo encontrada em 5.4, no qual a donzela disse: "Meu coração começou a palpitar por causa dele". O versículo contém a dedução de que o Senhor Jesus era também uma pessoa rica das mais profundas sensibilidades, que ele nutria grandiosos sentimentos de amor por seu povo. O "marfim", ao contrário da joia sem vida, é obtido da presa do elefante. O marfim é produto de dor e indica que o amor do Senhor pela donzela nasceu de seu sofrimento até a morte como aquele que carregou os pecados. Os sentimentos profundos pelo seu povo foram cultivados dentro de sua vida extremamente consciente em razão da grandeza do sofrimento e da

---

[4] 1.26c. [N. do T.]

Amor transformador

morte pelos quais ele passou. Esses sentimentos "adornados de safiras" são ilustrações de entalhes no marfim que falam de peças de arte delicadas e requintadas e retratam muitas facetas de seus sentimentos. Todos esses entalhes se uniram para mostrar que o amor e os ternos sentimentos do Senhor Jesus não eram superficiais nem casuais. Eram "adornados de safiras", indicando esplendor celestial como lemos em Êxodo 24.10: "E viram o Deus de Israel, sob cujos pés havia algo semelhante a um pavimento de safira, como o céu em seu esplendor". Essas safiras foram adornadas em cima e ao redor de todos os sentimentos mais profundos do Senhor; portanto, quando esses sentimentos de amor foram transferidos para a Amada, pareceram celestiais e transcendentes!

> Suas pernas são como colunas de mármore
> firmadas em bases de ouro puro. (v. 15a)

Na Bíblia, os pés referem-se a andar ou movimentar-se; mas somente as pernas são mencionadas aqui e significam o poder do Senhor para permanecer em pé. A palavra que expressa "mármore" é exatamente a mesma traduzida em outras partes das Escrituras por "linho fino", o que indica a justiça inerente do nosso Senhor. As pernas apresentadas como "colunas" falam de sua estabilidade. Por isso, a Amada fala de tudo o que o Amado era em si mesmo, e de tudo o que ele havia estabelecido na força de sua justiça, como tendo uma estabilidade imóvel. Não havia nada na vida ou obra dele que pudesse ser abalado. Essa é a impressão deixada em todos os que, como a Amada, seguem o Senhor completamente. Ela mencionou "ouro puro" três vezes, da mesma forma que em ocasiões diferentes se referiu aos pensamentos, e às obras de suas mãos, e agora fala da estabilidade de seus passos. Na Bíblia, o ouro é sempre uma indicação da natureza divina, dos atributos de Deus. Assim, somos levados a ver que era Deus quem estava se expressando por meio de seu Filho, sustentando-o em todos os seus caminhos e encontrando plena satisfação e deleite nele por meio de sua perfeita submissão.

> Sua aparência é como o Líbano;
> ele é elegante como os cedros. (v. 15b)

Bem acima dos níveis e padrões da terra estava aquele Filho abençoado que morava nas altas e elevadas regiões celestiais. Tudo ao redor dele era de natureza celestial. "Elegante como os cedros" mostra algo de seu caráter elevado. Embora sendo homem, ele era agora um homem glorificado nas alturas do céu. Como as torres de cedro, altas e imponentes, que transcendem todas as outras árvores, assim foi o Senhor exaltado de modo singular como o único homem a quem o pai honrou e glorificou.

> Sua boca é a própria doçura;
> ele é mui desejável. (v. 16a)

A palavra no original é traduzida melhor por "paladar" e assemelha-se à palavra em 2.3: "o seu fruto é doce ao meu paladar". É muito diferente do significado de boca. Fala de determinado aspecto da obra mediadora do Senhor Jesus. Tudo o que procedia de Deus, o Pai, foi provado por ele

Amor transformador

antes de passar a nós. Tudo o que procedia de Deus foi estocado e depositado em seu Filho antes de enviá-lo a nós. A obra do Filho foi verdadeiramente a de um mediador. Quão doce é isso tudo! Quando o conhecemos totalmente, não podemos deixar de testificar que tudo o que veio a nós de Deus veio primeiro por intermédio de seu Filho amado.

Nesse ponto, o coração do crente verdadeiro se agita calorosamente e se comove com admiração com aquele que foi capaz de pronunciar palavras tão sublimes de louvor a respeito do Senhor Jesus. Bem que poderíamos parar aqui por um momento para revisar o caminho percorrido e refletir naquele a quem confessamos como o nosso Senhor. Como pode alguém deixar de gritar junto com a donzela: "Ele é mui desejável"? Seja qual for a parte da vida e do caráter do Senhor a respeito do qual falamos, devemos concluir que ele é totalmente desejável. E aqueles que o seguem sinceramente dizem orgulhosamente junto com a donzela: "Esse é o meu amado, esse é o meu querido, e você pode me culpar por querer buscá-lo?".

Essa foi a impressão da donzela a respeito do Senhor, esse foi seu conhecimento íntimo a respeito dele e sua apreciação por tudo o que lhe fora proporcionado. Essa descrição indica a proximidade da união da donzela com ele e a profundidade da comunhão desfrutada na companhia dele. Na verdade, ela havia contemplado face a face, como em um espelho, a glória do Senhor e estava sendo transformada à imagem dele, de glória em glória.

Para concluir, podemos dizer que as palavras dela expressaram um sentimento extremamente profundo, como se o brilho total do sol tivesse tomado conta de toda a sua alma até o momento em que ela se dirige repentinamente às mulheres de Jerusalém em voz alta com este cântico alegre de louvor:

Esse é o meu amado,
    esse é o meu querido,
ó mulheres de Jerusalém (v. 16b).

O *nono* assunto dessa parte refere-se às mulheres de Jerusalém. Elas fazem agora uma pergunta à Amada.

Para onde foi o seu amado,
    ó mais linda das mulheres?
Diga-nos para onde foi o seu amado
    e o procuraremos com você! (6.1)

Depois de ouvir o testemunho mencionado, as mulheres de Jerusalém desejaram sair para procurá-lo. Essa é uma sequência muito natural dos eventos depois de ouvirem tal testemunho. Elas viram na Amada a plenitude do efeito da obra da nova criação. A donzela estava cheia do frescor de vida da nova criação. Em gratidão, ela havia proclamado o Cristo que conhecia por experiência, e isso foi muito diferente de sua simples aproximação intelectual com ele. Não é de admirar que houvesse nela um senso de poder — um poder peculiar de atração. Não é de admirar que as mulheres de Jerusalém continuassem a elogiá-la como a "mais linda das mulheres" — a mais bela entre as belas. Ao mesmo tempo, elas expressaram um desejo despertado de a ajudarem na busca e investigação espirituais.

No entanto, a pergunta que as perturbou foi esta: se ele era muito desejável, para onde poderia ter ido e

Amor transformador

como foi capaz de esconder-se delas? As mulheres fizeram duas vezes a mesma pergunta à donzela sobre o paradeiro dele, para que pudessem encontrá-lo da mesma maneira, sugerindo que, se não conseguissem, ele poderia ter se afastado dela também. Nesse tipo de questionamento, elas deram a entender mais de uma vez que a donzela sabia que ele era muito desejável. Deveria saber exatamente onde ele estava e guiá-las até ele, agora que desejavam buscá-lo junto com ela. Veja, as mulheres muito se impressionaram e se comoveram com a maneira pela qual a donzela exaltou o Amado, e isso era muito diferente de qualquer outra ideia sobre ele.

Finalmente, esta é a resposta da noiva às mulheres de Jerusalém:

> O meu amado desceu ao seu jardim,
>> aos canteiros de especiarias,
> para descansar[5]
>> e colher lírios (v. 2).

Ela havia buscado o socorro espiritual das mulheres imaturas de Jerusalém (5.8), na esperança de descobrir o paradeiro do Amado. Mas agora, enquanto fazia aquela brilhante descrição às mulheres sobre a gloriosa pessoa do Amado, uma ideia repentina lhe veio à mente, e ela entendeu onde ele seria encontrado.

Nesse instante, lhe veio à mente o lugar exato em que ele estava. "O meu amado desceu ao seu jardim, aos canteiros

---

[5] Ou "para apascentar nos jardins" (*Bíblia King James*). [N. do E.]

de especiarias, para descansar e colher lírios." O jardim dele nada mais era que uma linguagem figurada da vida dela em Cristo. Ele estava vivendo nas afeições espirituais da Amada. Essa realidade já se tornara clara para ela em 4.12,16 e 5.1. Significava simplesmente que o brilho súbito da luz interior trouxera clareza de entendimento a respeito de sua presença permanente. O Amado não a abandonara, nem havia necessidade de subir ao céu ou descer ao Hades para procurá-lo. Ele estava perto e dentro dela, como Paulo diz em Romanos 10.8: "está em sua boca e em seu coração".

No intervalo em que ela demorou a responder ao último chamado dele para uma identificação maior entre ambos, aparentemente ele quase a abandonou. Mas essa é apenas uma parte dos caminhos do Senhor. Ele se afasta da área do sentimento consciente da Amada para que ela se torne mais alerta ao valor de sua presença. Na verdade, ele ainda possuía o coração dela e ali habitava. Nesses afastamentos, ele também estava ensinando a ela a não se impacientar nem se afobar demais com a falta de sentimentos conscientes. Ao contrário, ele queria que ela confessasse os fracassos de não responder ao seu chamado para obter perdão. E, para neutralizar qualquer outra ideia de que ele a abandonara, ela deveria apegar-se à promessa de sua Palavra com tranquilidade e confiança, sabendo que ele está sempre presente no jardim de sua propriedade. No momento certo, ele voltaria a manifestar sua presença viva e torná-la consciente dele próprio.

Quando surgem sentimentos de separação, ele nos ensina a descansar em sua Palavra eterna e a mergulhar na fidelidade de todas essas palavras de promessa. A fidelidade dele excede em muito à dela, e se ela o buscasse na forma

Amor transformador

de simples atividade carnal jamais teria consciência de sua presença. Na verdade, quem faz essas buscas sempre acaba confuso. Assim, aprendemos que a negativa de responder aos chamados mais intensos do Senhor pode acarretar feridas profundas na vida do crente; no entanto, buscá-lo na atividade da carne acarreta feridas mais profundas ainda.

Os passos para a recuperação da donzela são claros. O primeiro foi por meio da descrição proferida por ela e seu agradecimento em cada fase da gloriosa pessoa do Amado. A hesitação em responder quando ele a chamou para identificar-se de modo mais profundo com ele não a deteve nem a levou a considerar inconveniente enaltecê-lo ou falar de sua fidelidade. Inconscientemente, por meio desse exercício de elogios ao valor inigualável do amado, ela foi libertada de si mesma, e a libertação dessa forma sutil de vida individualizada mostrou-lhe onde ele se encontrava. Ele se encontrava dentro das afeições dela e no centro de todas as suas esperanças. Essa é, portanto, a consideração da divina pessoa do Senhor Jesus — sua graça e verdade, sua fidelidade e amor — pela qual, de modo totalmente inconsciente, reencontramos aquela luz que talvez tenhamos perdido por um tempo.

Veja também que, nesse exercício, ela continuou a fazer o melhor pelos outros e a responder a todas as indagações. Apesar de parecer que ela havia perdido parte da comunhão imediata com ele, permaneceu dentro dela um desejo ardente de que aquelas mulheres de Jerusalém menos experientes descobrissem quão precioso ele é e fossem incentivadas a ter uma comunhão mais íntima com ele. No testemunho que ela apresenta a respeito dele, estava a revelação de que já o havia recebido. E não é verdade que, quando os crentes se reúnem para falar do Senhor, a presença dele é muito próxima e ele ouve com satisfação? E, com certeza, no momento em que falarmos de seu valor, ele se revelará espontaneamente em presença viva.

Foi o que ocorreu com a Amada. Mesmo sentindo fome e sede dele, ela esforçou-se para satisfazer os outros e, em troca, encontrou satisfação. Vemos aqui que mais uma vez ela foi liberta dos novos desafios da vida individualizada. Na demora em responder a ele, os sintomas das trevas e do declínio espirituais começaram a aparecer de novo; mas, quando ela se afastou de si mesma ao expressar apreciação e exaltar o Amado, os sintomas desapareceram rapidamente.

Quando essa nova inteligência espiritual começou a envolvê-la, ela estava aparentemente se dirigindo às mulheres de Jerusalém. Na verdade, foi um tipo de solilóquio. Ela estava expondo seus pensamentos em voz audível como se aquelas amigas estivessem presentes. Apesar de ter sentido certa separação do Amado, ela acabara de descobrir que, no longo período em que não sentira a sua presença sensível, ele estava no jardim. Aqui, a palavra "jardim" está no singular e significa a Amada, ou seja, que o Amado se envolvera mais profundamente com ela e passara a residir em sua vida.

No entanto, ele também encontrou um pouco de satisfação em outros "jardins" (*Bíblia King James*). A palavra está no plural aqui e indica a vida de outras pessoas santas, embora menos maduras. "Jardim de especiarias" foi mencionado anteriormente (5.13) referindo-se às faces. Assim, encontramos o Senhor apresentando-se à vida interior de seu povo e não encontrando nenhum lugar para ser comparado com as afeições nupciais. Mas encontrou alguns frutos externos em muitos de seus santos e um pouco de beleza espiritual para admirar em todos eles. O Senhor está presente no coração de todo o seu povo para pastoreá-lo e suprir cada necessidade e também para "colher lírios", o que expressa que a pura flor daquela vida deriva em primeiro lugar dele próprio.

> Eu sou do meu amado,
> e o meu amado é meu,
> ele descansa[6] entre os lírios. (v. 3)

Quando passou a entender dessa maneira, ela concluiu que, embora os sentimentos mudem, a aliança entre o Amado e ela era de caráter imutável e mantida firme para sempre. Portanto, ela declara com total segurança e confiança: "Eu sou do meu amado, e o meu amado é meu". Em tempos passados, quando se encontrava em fase de experiência em um nível mais superficial e se sentia exuberante com sentimentos altamente emocionais, ela disse: "O meu amado é meu, e eu sou dele" (2.16). A expressão anterior fundamentou-se grandemente em sentimentos de emoção, mas a última descansa solidamente apenas na fé. Essa expressão espontânea do coração mudou claramente o foco da vida: do "eu" para a gloriosa pessoa do Senhor Jesus.

Da mesma forma que antes, ele ainda se considera alguém que "apascenta entre os lírios". Significa que ele estava sempre conduzindo e alimentando seu rebanho em lugares puros. Ele continuava a fazer isso nos lugares onde costumava conduzir e alimentar seu rebanho. Por meio desse profundo exercício de espírito, ela aprendera a olhar

---

[6] Ou "apascenta" (*Biblia King James*). [N. do E.]

CÂNTICO DOS CÂNTICOS

somente para um Senhor imutável e eterno, e que não deveria seguir forçosamente o sobe e desce de suas emoções. Agora ela podia descansar nele não apenas nas alegrias da vida cotidiana, mas também em tempos de adversidade e quando despojada de sentimentos sensatos.

VIDA DENTRO DO VÉU (6.4-13)

Em *primeiro* lugar, há um novo elogio feito pelo Amado (v. 4-9). Ela estava muito esperançosa de que, depois daquele importante exercício espiritual, o Senhor expressaria espontaneamente sua satisfação nela. E foi o que ele fez. Talvez seja necessário nos lembrar aqui do tema de Cântico dos Cânticos, ou seja, o passo a passo de uma união em desenvolvimento. O objetivo da união é a comunhão, e a comunhão desenvolve-se somente por identificação cada vez maior. Consequentemente, o que ela contemplara na pessoa do Rei estava transformando-a para ter o mesmo caráter do Rei. Da mesma forma, o que o Rei viu na pessoa dela foi a expressão dele próprio. Sua vida gloriosa estava sendo incorporada na personalidade dela. Portanto, ao elogiar os crentes representados pela Noiva, o Senhor deseja que a união desenvolvida com ele exiba cada vez mais no caráter dos crentes a quantidade de vida que dele receberam.

> Minha querida, você é linda como Tirza,
> bela como Jerusalém,
> admirável como um exército
> e suas bandeiras. (v. 4)

Essa é a avaliação e o apreço do Senhor a respeito da Amada quando olha para ela na luz do santuário celestial. Essa é a vida da Amada, oculta dentro do véu — o que ela é no Reino do Pai. Porque ele já falou de sua beleza, tanto em termos gerais como específicos. Agora ele declara: "Você é linda como Tirza, bela como Jerusalém". "Tirza", cujo significado é "deleite", era o palácio residencial do Rei e corresponde ao Lugar Santo no céu, o lugar onde Deus habita. "Jerusalém" foi o vaso escolhido por meio do qual Deus manifesta sua glória, e é o centro de toda a sua atividade. Quando viu a nova Jerusalém, João chamou-a de "cidade santa" e comparou sua beleza à de "uma noiva adornada para o seu marido" (Apocalipse 21.2). Assim, vemos o Senhor olhando para a Amada quando ela está em sua posição celestial diante de Deus e vivendo essa vida naquela região que é de Deus.

Não há nada feio em todos os que se encontram dentro daquela Jerusalém. Há somente beleza em todos os que estão dentro daquela Tirza. Essa é a Noiva em sua posição celestial diante de Deus, e sua vida secreta é vista no Lugar Santo dentro do véu. Os que são representados por essa noiva começam agora a exibir e expressar a futura beleza e formosura da vida dentro do santuário celestial.

"Admirável como um exército e suas bandeiras." A palavra "admirável" significa espantoso ou temível. Em tempo de guerra, é importantíssimo ter armas. Em tempo de vitória, no entanto, é importante ter uma bandeira para desfraldá-la. Se houver derrota no combate, a única coisa a ser feita é enrolar a bandeira e abaixar a cabeça. Mas uma bandeira desfraldada significa vitória gloriosa. Aqui, portanto, a expressão significa que a Amada não era apenas linda e formosa, mas forte como um exército celestial. E, apesar de ser serena e tranquila como um santuário, ela podia brandir a glória da vitória completa antes de todos os poderes malignos do inferno e dos homens. Viver dentro do véu não significava viver somente no santuário da presença de Deus, mas no campo de batalha diante do inimigo.

É na região celestial que os santos têm união com Cristo, mas é também nessa região que eles enfrentam o ataque verdadeiro das forças inimigas. Deus nunca pretendeu que os crentes possuíssem mera beleza celestial, sem energia espiritual para comandar guerras. Cada batalha com o inimigo é lembrada no registro celestial. O Senhor queria que seus santos possuíssem não apenas a beleza de características espirituais, mas também um pouco dos "admiráveis" traços de caráter que causam medo aos inimigos.

Parece que muitos crentes de hoje perderam tanto a beleza quanto a característica de admiráveis diante dos exércitos das trevas, e até diante dos homens. Eles têm medo de nós? As Escrituras quase sempre descrevem o Senhor como temível, e isso significa que os inimigos o temem por causa de seu caráter santo. Se mantivermos um caráter santo e uma guerra vitoriosa, veremos o inimigo recuar diante de nossos olhos, e os exércitos opositores retrocedendo, sem se atreverem a avançar em nossa direção. Se sacrificarem esse aspecto do medo, os crentes não serão temidos nem pelo homem nem pelo Diabo.

> Desvie de mim os seus olhos,
> pois eles me perturbam. (v. 5a)

Amor transformador

Essa frase é uma expressão poética na qual vemos como é forte o amor da donzela pelo Senhor. O amor está expresso nos olhos dela e, por assim dizer, o perturbam. Não significa que está recusando ou desdenhando o amor da donzela. A frase indica um elogio contendo um desafio peculiar semelhante ao momento em que o Senhor deixou de dar atenção por um instante à mulher sírio-fenícia em Marcos 7.26-29, ou à sua demora deliberada de dois dias quando Marta e Maria o chamaram com urgência em João 11.6, ou à sua palavra a Moisés em Êxodo 32.10: "Deixe-me agora", ou ao seu pedido a Jacó: "Deixe-me ir, pois o dia já desponta" em Gênesis 32.26. O mesmo ocorre no versículo em pauta. Aparentemente o Senhor emprega palavras que transmitem a ideia de querer afastar-se.

Essa, porém, é uma atitude cuja finalidade é desafiar um retorno da expressão de amor. A menção aos olhos dela encerra a ideia de um olhar penetrante que sugere a força do amor, não um olhar de relance. O Senhor transmite a ideia de que está irresistivelmente perturbado com a força desse amor. Os caminhos verdadeiros do Senhor são conhecidos por aqueles que conseguem ver além de sua aparente rejeição, demora ou recusa em apreciar a forte afeição de seus santos.

Seu cabelo é como
um rebanho de cabras
que descem de Gileade.
Seus dentes são como
um rebanho de ovelhas
que sobem do lavadouro.

Cada uma tem o seu par,
não há nenhuma sem crias.
Suas faces, por trás do véu,
são como as metades de uma romã. (v. 5b-7)

O cabelo fala da força da dedicação da donzela, como no caso dos nazireus. A repetida referência aos dentes indica sua capacidade de digerir a verdade espiritual. As faces que estão dentro do véu reiteram sua beleza oculta. Aqui, grande parte do elogio ecoa o louvor que o Senhor fez a ela em 4.1-3, que agora revela dois fatos importantes.

Primeiro, o amor do Senhor nunca muda. Embora a procrastinação seja uma tentação constante para a Amada em seus fracassos que surgiram das trevas, o bom relacionamento do Senhor com ela permanece sempre o mesmo. O Senhor estava sempre desejoso de eliminar todas as dúvidas da Amada a respeito dele e livrá-la de todas as ilusões que pudessem surgir dentro de sua mente de que ele mudaria seu relacionamento com ela. Assim, mais uma vez ele dirige-se a ela com as mesmas palavras elogiosas. Pode-se dizer com segurança que todas as vezes que o crente erra, a primeira coisa que desaparece é invariavelmente a fé, e em seu lugar surge uma dúvida a respeito do relacionamento entre o crente e o Senhor. Mal percebemos que somos um amontoado de dúvidas! É contra essas dúvidas que aquelas palavras agradáveis e elogiosas são dirigidas.

Em segundo lugar, muitas experiências que surgem diante de nós quando alcançamos níveis espirituais mais altos devem ser mantidas, não descartadas. Nessa lista podem ser incluídas várias dedicações, maior capacidade para luz e verdade espirituais, revelação referente à vida oculta e coisas do gênero. Todas são vitais no processo de desenvolvimento de

Amor transformador

um nível elementar para outro mais maduro. Contudo, em razão do progresso no desenvolvimento, a natureza e o caráter de algumas experiências mudam, ao passo que a natureza e o caráter de outras não sofrem mudança com o progresso.

Nesse alto nível de experiência a que a Amada chegou, há uma profundidade maior ainda. Por exemplo, em nossa caminhada espiritual será que já não passamos pela experiência de precisar aprender uma lição várias vezes? E o que aprendemos nessas lições repetidas foi, definitivamente, muito mais profundo e perfeito do que aquilo que aprendemos na mesma lição que nos foi ensinada na fase inicial. A experiência foi mais ou menos semelhante, mas nossa capacidade de aprender lições espirituais daquela experiência mudou muito, e para melhor.

> Pode haver sessenta rainhas,
>   e oitenta concubinas,
>   e um número sem fim de virgens. (v. 8)

Tudo isso está relacionado, de formas diferentes, ao rei Salomão. Se lêssemos esse texto do ponto de vista humano, seria, claro, um grande erro ter tantas mulheres, mas aqui ele ensina uma verdade espiritual e apresenta uma ilustração bela e profunda. O Senhor deseja possuir todos os crentes nas mais completas e puras afeições espirituais e relacionar-se com eles da forma mais próxima e mais íntima. Coletivamente falando, a noiva de Cristo é uma só. Individualmente falando, no entanto, o grau de afeição a ele e o caráter do relacionamento com ele diferem nos crentes, e essas diferenças são representadas pelas rainhas, concubinas e virgens.

CÂNTICO DOS CÂNTICOS

Adão, Isaque e Moisés são protótipos de Cristo, e suas noivas são figuras da Igreja em sentido coletivo e completo.

Salomão, porém, é um protótipo de Cristo no relacionamento de Cristo com o crente individual. Na vida pessoal, Salomão não representa de maneira alguma o nosso Senhor Jesus Cristo, porque ele estava muito aquém da santidade de vida e comportamento espiritual. Não é em sua conduta pessoal e iníqua, mas em seu alto cargo real que ele é uma figura de Cristo. Nas Escrituras, até um ladrão é usado para representar um aspecto da ação de nosso Senhor, como em Mateus 24.43,44: "[...] se o dono da casa soubesse a que hora da noite o ladrão viria, ele ficaria de guarda [...]. Assim, vocês também precisam estar preparados, porque o Filho do homem virá numa hora em que vocês menos esperam". Não é no ato de roubar que o ladrão é comparado ao Senhor, mas na surpresa de seu aparecimento. Os sábios entendem isso.

Individualmente falando, o relacionamento de amor dos crentes com o Senhor difere em termos de experiência. Há alguns que podem ser representados pelas rainhas, outros possuem uma espécie de natureza concubina, e há ainda outros cujas afeições são semelhantes às de uma virgem simples e imatura. Todos esses têm um relacionamento de amor com o Rei, mas todos carecem daquela busca pelo Senhor, caracterizada pela Amada, e nenhum possui seu lugar único no relacionamento com ele.

> Mas ela é única, a minha pomba,
>   minha mulher ideal!
> Ela é a filha favorita de sua mãe,
>   a predileta daquela que a deu à luz.

Amor transformador

Quando outras jovens a veem,
dizem que ela é muito feliz;
as rainhas e as concubinas a elogiam. (v. 9)

Nesse versículo, o Espírito do Senhor deseja mostrar-nos que somente aquele que satisfaz plenamente o coração do Senhor pode ser considerado "único". Não significa, claro, que há um único crente que chegou a essa condição, mas que todos os que chegam à plenitude espiritual das afeições são considerados "únicos" aos olhos do Senhor. Eles formam, sem dúvida, um grupo especial que possui um lugar especial. Esse grupo, representado pela Amada, vive no Espírito. Seus componentes são como uma "pomba" na singularidade de olhar para Cristo e "ideais" no sentido de estarem completamente separados para ele. Esse grupo — representado pela noiva e nascido de sua mãe, a graça — progride e desenvolve-se até alcançar o amor pleno pelo Senhor Jesus. Assim, como uma expressão completa da obra da graça, ela era a "favorita". Tal graça transmitia a ideia do glorioso perdão de pecados por Deus e também de tudo aquilo que é trabalhado no coração ao longo dos anos mediante sua obra constante.

Aqueles, portanto, em quem Deus é capaz de realizar muitas obras estão sempre prontos para receber muito. Aqueles em quem a obra realizada é menor limitam o trabalho da graça de Deus dentro deles. Deus, na verdade, está sempre pronto para conceder graça em abundância e realizar muitas obras nos crentes, mas nem todos lhe dão liberdade para executar e completar sua obra dentro deles. Tudo o que provém do "eu" é por imposição da lei, mas o que é de Deus é totalmente concedido pela graça. A Igreja está repleta de filhos da graça, mas poucos são aqueles que permitem que a graça realize sua obra completa e final. Aqui o Rei não está dizendo que a Amada é a única pessoa nascida da graça. Ele está dizendo é que aqui está a "predileta" de todos os nascidos da graça. Todos os que pertencem a Deus são nascidos dele, mas aqui está alguém que se desenvolveu para identificar-se inteiramente com ele.

"Quando as outras jovens a veem, dizem que ela é muito feliz; as rainhas e as concubinas a elogiam." Muitos crentes que não são totalmente maduros ou dedicados ao Senhor reconhecem aqueles que o são. Apesar de lhes faltar a mesma qualidade espiritual, eles possuem uma quantidade suficiente da vida da nova criação para admirar aquela completa submissão a Cristo, como vemos nessa noiva. Há algumas pessoas que possuem uma dose de obediência na vida interior a ponto de conseguir apreciar e elogiar o valor e a beleza daqueles que se entregaram inteiramente ao Senhor. Do ponto de vista meramente físico, essas jovens, rainhas e concubinas talvez não aprovem a donzela nem a acompanhem, mas com base na graça recebida entendem que ela é muito feliz. Sua vida dentro do véu e tudo o que Deus expressou a seu respeito foi extremamente precioso e mereceu muita admiração.

Em *segundo* lugar, vemos uma parte de sua glória.

> Quem é essa que aparece
>   como o alvorecer,
> bela como a lua, brilhante como o sol,
>   admirável como um exército e suas bandeiras? (v. 10)

Amor transformador

Nesse versículo, o Espírito Santo fala novamente por meio de terceiros — talvez uma das rainhas ou concubinas — e emprega uma pergunta enfática com a finalidade de ressaltar a glória da Amada. As quatro partes da pergunta chamam a atenção para diferentes aspectos de sua vida no Senhor. Dessa forma o Espírito do Senhor desafia os crentes menos maduros a pensar. Por meio de perguntas, ele pede que prestem atenção à obra total de Deus na vida dos crentes mais maduros. Estes os fazem entender o que é agradável e aceitável ao Senhor. Vimos antes que, quando o Espírito Santo apresentou essa forma de pergunta, foi invariavelmente depois que a noiva escolhida havia recebido uma nova revelação ou edificação. Isso ocorreu no capítulo 3. Você encontrará essa forma de pergunta no capítulo 8. E ela aparece aqui também. Esse estímulo ou incitação por meio de pergunta tem o objetivo de fazer os crentes imaturos entenderem por que aquelas afeições espirituais mais completas se manifestam na noiva.

"Essa que aparece como o amanhecer." A escolhida do Senhor chega a um novo amanhecer pela graça. A palavra "amanhecer" aqui ou a expressão "rompa o dia" em 2.17 são idênticas. Naquela fase, as sombras fugiram e não há nenhuma treva remanescente em seu relacionamento com Cristo. Agora, em sua vida, não há "nada entre". Embora ela não entenda o significado da luz plena da vida ao meio-dia, sua vida é como o útero da manhã. Suas esperanças brilham com a luminosidade do amanhecer. Todo o seu ser tem uma aparência semelhante ao da expectativa de um novo dia brilhando com a luz do amanhecer. A esperança e o curso desse novo dia é chegar ao meio-dia da glória meridiana, porque "a vereda do justo é como a luz da alvorada, que brilha mais e mais até a plena claridade do dia" (Provérbios 4.18). A vereda do justo na mão do Senhor tem o meio-dia como objetivo e nada menos que isso. Não pode haver vida feliz sem outra fonte que não seja o total esplendor de Cristo.

"Bela como a lua." Aqui a atenção não é muito dirigida ao tamanho da lua, mas ao seu brilho e beleza. A lua brilha com claridade suave e agradável. É nessa figura que vemos a noiva de Cristo como uma criação celestial refletindo a luz do Senhor Jesus oculto na escuridão da noite na terra, a fim de que os que vivem nas trevas morais e espirituais sejam iluminados e encontrem o caminho por meio de fiel testemunha. É o crente em sua relação com o mundo.

> "Será estabelecido para sempre como a lua,
> a fiel testemunha no céu". (Salmos 89.37)

"Brilhante como o sol." Essas palavras falam da ausência do brilho e da totalidade da luz celestial. Tanto a Lua quanto o Sol referem-se aos aspectos da vida celestial da noiva. A implicação na figura da Lua é que a noiva é um recipiente de graça, transformando-a em um corpo celestial para brilhar sobre a terra como testemunha. A implicação na figura do Sol é que a vida da noiva é a vida de Deus, e com essa vida celestial ela vive no Senhor e no Reino do Pai. Por um lado, ela é, em si mesma, algo morto, sem vida e sem atmosfera, como a Lua; mas ela foi transformada em um novo corpo celestial e está em contato com o Sol oculto, Cristo, de quem extrai toda a luz para testemunhar. Quando fica frente a frente com o Sol, a Lua recebe e reflete luz. Quando dá as costas ao Sol, por assim dizer, continua no mesmo lugar, porém não há nenhuma luz sobre a qual testemunhar. Por outro lado, do ponto de vista do Pai, ela está em Cristo e é vista como uma nova criação onde o seu Espírito habita, repleta daquela luz e da vida de Cristo que ela possui e na qual não há treva alguma. Ele é o Sol: de modo semelhante, ela se torna um sol.

"Admirável como um exército e suas bandeiras." Além de estar cheia de esperança com referência ao futuro e de ter a possessão completa da vida celestial de Cristo, ela foi, em relação aos seus inimigos e a cada circunstância, extremamente triunfante. Seu cântico diário era o cântico de vitória. E, a esta altura, podemos perguntar: "Você conhece essa donzela? Já a viu? Essa é a sua imagem? Você possui essa vida gloriosa em Cristo?"

Em *terceiro* lugar, vemos uma parte de sua humildade.

> Desci ao bosque das nogueiras
>   para ver os renovos no vale,
> para ver se as videiras tinham brotado
>   e se as romãs estavam em flor. (v. 11)

Muito constrangida com o elogio, a donzela volta a atenção para outros assuntos e desce ao pomar das nogueiras. As nozes, cuja casca dura exige que seja quebrada com cuidado para se extrair o fruto delicioso e nutritivo de seu interior, podem ser comparadas à Palavra de Deus, que produz alimentos que satisfazem a alma somente para aqueles que, diligentemente e com oração, buscam manejar corretamente a palavra da verdade (v. 2Timóteo 2.15).

Ela também examinou as vinhas na videira do Senhor e inspecionou suas plantações de romãs — que simbolizam as muitas e variadas obras do ministério estabelecido pelo Senhor —, para familiarizar-se com o que o Amado estava fazendo na órbita da Igreja total e visível. Vemos que, em vez de deleitar-se com o elogio, que foi merecido, os pensamentos dela se concentraram na mensagem de Deus e na obra dessa mensagem na vida de outras pessoas.

> Antes que eu o percebesse,
> você me colocou entre as carruagens,
> com um príncipe ao meu lado. (v. 12)

> Ou, antes de eu estar consciente, minha alma tornou-me *como* as carruagens de Aminadabe [que significa "meu povo de coração disposto"] (*Bíblia King James*).

Enquanto estava absorta nesse estudo da Palavra do Senhor e nessa investigação de suas obras atuais entre os filhos dos homens, antes de perceber o que estava acontecendo, ela se viu sendo carregada pelo Amado em sua carruagem pelos campos da terra. Essa carruagem foi acompanhada por outras, todas referidas como "as carruagens do meu povo de coração disposto". Isso pode ser interpretado como um início repentino de prontas e dispostas afeições, em meio a campos que retardavam a produzir frutos, de um tipo superior de crente que reconhece a autoridade do Monarca. Levantaram-se em um dia de declínio como "um povo de coração disposto" a fim de proporcionar um veículo para a movimentação do Senhor.

> Quando convocares as tuas tropas,
> o teu povo se apresentará voluntariamente.

Amor transformador

Trajando vestes santas,
desde o romper da alvorada
os teus jovens virão como o orvalho. (Salmos 110.3)

Não é a Igreja total que está representada nesse "povo de coração disposto", pois nem todos são assim hoje em dia. Ao contrário, só um remanescente, representado pela donzela, é que tem o coração disposto para a obra do Senhor. Em *quarto* lugar, há progresso e vitória.

Volte, volte, Sulamita;
volte, volte, para que a contemplemos.
Por que vocês querem
contemplar a Sulamita,
como na dança de Maanaim? (v. 13)

Retorna, retorna, ó Sulamita, retorna, retorna, para que nós te vejamos. O que vereis na Sulamita? Como se fossem a companhia de dois exércitos. (*Bíblia King James*)

Essa passagem principia com um chamado feito por algumas mulheres de Jerusalém: "Volte [...] para que a contemplemos". A essa pergunta, na verdade, outras replicaram: "Por que vocês desejam contemplar a Sulamita? O que veem nela?". A resposta está nos versículos seguintes (7.1-5) na forma de uma dança de vitória.

"Sulamita" significa "pessoa de paz" e é a nova maneira de Salomão escrever a respeito da Amada. O Espírito Santo, por meio desse pedido, roga sinceramente que ela volte e seja vista naqueles dias finais, para que outras pessoas menos maduras possam vê-la. De fato, ela era como uma carruagem, movimentando-se de modo rápido e gradual, passando de uma vitória a outra, cavalgando com seu Senhor sem que nada impedisse seu progresso. Mas havia outras pessoas que desejavam observar sua vida e seus caminhos, a fim de avaliar o segredo de seu equipamento para obter tal progresso e como ela poderia seguir adiante sem impedimento.

O apelo continha dois desejos inerentes. Primeiro, expressava o desejo daqueles que estavam em busca genuína de afeições espirituais completas exibidas pela noiva e queriam saber como obter a preparação para tais caminhos vitoriosos. Segundo, a resposta a tal apelo foi o método do Espírito Santo de mostrar o que está envolvido nessa preparação para uma obra de triunfo naqueles tempos. Ele está empregando realmente dois grupos de espectadores, por assim dizer, para apresentar a descrição daquilo que proporciona um veículo ao Senhor e vitória à noiva. Assim, ele organiza um grupo para fazer perguntas e outro para responder. Dessa forma, é oferecida uma oportunidade para que outros reconheçam o que a Sulamita experimentou em seu preparo para a obra do Senhor. Ela era agora uma verdadeira pessoa de paz. Sua união com Salomão era inseparável e sua identidade com ele, completa.

A menção de "dois exércitos" refere-se a Maanaim em Gênesis 32.2, o lugar onde Jacó conheceu o exército de Deus. E a resposta foi dada na forma de "dança". A dança de Maanaim deve ter sido muito empolgante e espetacular. Vemos em Êxodo 15.20 e em 1Samuel 18.6 que a dança era uma expressão de vitória; e "dois" na Escritura é o número que representa testemunha ou testemunho. Portanto, a frase poderia ser lida assim: "O que vocês verão na Sulamita? Um testemunho na dança da vitória, por assim *dizer*".

Amor transformador

A obra de Deus (7.1-9a)

Agora passamos a conhecer as palavras desse cântico de dança e vitória (7.1-5). Elas falam da preparação da Amada para a obra de Deus, ao fazer um relato de sua vida e seu caminho.

> Como são lindos
> os seus pés calçados com sandálias,
> ó filha de príncipe!
> As curvas das suas coxas são como joias,
> obra das mãos de um artífice. (v. 1)

Nesse ponto, o Espírito Santo falou por meio de um segmento de espectadores em resposta à pergunta feita anteriormente. O cântico deles deixa claro que a noiva havia posto em prática o desejo do Espírito Santo. Quando ela voltou a ser vista, essa nova descrição dela feita por terceiros começou a referir-se à sua caminhada.

Na referência à Amada como "ó filha de príncipe" há um reconhecimento de que ela descende de nobres, da realeza. "Pés calçados" é uma referência óbvia por ela ter sido calçada com o "evangelho da paz", como consta em Efésios 6.15, e mostra, portanto, sua prontidão para a obra do Senhor. A atenção concentra-se nessa preparação, e a referência aos pés calçados é, dessa forma, ressaltada. A obra de evangelização que lhe foi confiada era como "joias" de altíssimo valor. "Coxas" simbolizavam força e falavam da força de seu testemunho de Cristo e, com esse testemunho, realizar sua obra. Essa força lhe foi dada como dom de Deus ao longo dos anos de disciplina

CÂNTICO DOS CÂNTICOS

e treinamento. Se nossas coxas devem ser como joias, então devem ser como as coxas de Jacó. Lembre-se de que a articulação da coxa de Jacó foi deslocada pelo Senhor na noite em que o Senhor lutou com ele em Peniel (v. Gênesis 32.25). Esse fato teve a finalidade de lembrar Jacó, e a nós, que a força do desempenho espiritual deve sempre vir somente de Deus, não da força da carne. A obra de Deus é sempre "obra das mãos de um artífice", porque Deus é o Artífice.

> Seu umbigo é uma taça redonda
> onde nunca falta o vinho
> de boa mistura.
> Sua cintura é um monte de trigo
> cercado de lírios. (v. 2)

Essas figuras de linguagem falam do que a donzela era por dentro. A mistura de vinho ou "licor" aponta para o sangue do Senhor Jesus, e o "monte de trigo" indica sua carne. Na verdade, é ela quem conhece a satisfação interior por ter feito parte da carne e do sangue do Senhor Jesus. Significa que ela aprendeu a participar totalmente da vida dele. O "monte de trigo cercado de lírios" indica que ela recebeu o vinho e o trigo da vida com fé genuína.

> Seus seios são como
> dois filhotes de corça,
> gêmeos de uma gazela. (v. 3)

Essa passagem não menciona, como antes, a alimentação das gazelas entre os lírios. Não há uma indicação de como ela cresceu em graça, mas que agora alcançara tal maturidade de

Amor transformador

vida que era capaz de alimentar outras pessoas. Os gêmeos representam fé e amor, e por meio da força e plenitude deles ela exerceu um ministério capaz de alimentar os outros.

> Seu pescoço é como
> uma torre de marfim. (v. 7a)

Aqui há uma figura de linguagem um pouco diferente da empregada em 4.4, na qual o pescoço da donzela é descrito como a "torre de Davi" — uma espécie de arsenal. A presente descrição do pescoço da donzela como uma torre possui novos detalhes por ela ter sido objeto de outras tratativas com o Senhor. O marfim indica um processo de sofrimento. Esses sofrimentos não eram de caráter meramente passivo, mas ocorreram quando ela enfrentou questões que magoaram seu Senhor. Nessas provações, ela permaneceu imutável como uma torre. A torre de marfim, então, sugere que ela está preparada para qualquer coisa, até sofrer a morte, para que o propósito de Deus seja realizado em sua vida.

> Seus olhos são como
> os açudes de Hesbom,
> junto à porta de Bate-Rabim. (v. 4b)

Agora os olhos dela não são como olhos de pomba, mas como açudes. A água do açude é diferente da água do poço, que carece de luz porque se encontra no escuro e nas profundezas. Também não pode ser comparada à água da fonte que borbulha o tempo todo. O açude é exposto à luz do céu, sugerindo que o coração da Amada diante de Deus era notável por estar

CÂNTICO DOS CÂNTICOS

exposto e por sua pureza. Seu coração não estava apenas livre das agitações de alguma área nublada, mas inteiramente em paz e refletia de modo perfeito a vontade de Deus. "Hesbom" significa "inteligência" ou "entendimento", e "Bate-Rabim" é definida como "filha de muitos". Assim, a noiva de Cristo tem um espírito muito avançado em relação à média dos crentes.

> Seu nariz é como a torre do Líbano
> voltada para Damasco. (v. 4c)

O nariz não foi mencionado antes porque o olfato se destaca mais quando as coisas se tornam maduras e completas. Nas coisas espirituais, alguns possuem um sentido de audição ou visão aguçado, mas são poucos os que desenvolvem o olfato. Esse sentido não se origina das palavras que ouvimos ou das ações que vimos, mas do discernimento interior. Tal percepção transcende o que é visto e ouvido e capacita-nos a distinguir a diferença entre fragrância e mau cheiro. Trata-se de um discernimento espiritual que reconhece o que procede de Deus, não por meio de racionalização natural, mas por meio de uma conscientização interior espontânea e precisa. O olfato detecta imediatamente se o cheiro de alguma coisa tem origem celestial ou não. Ao mesmo tempo, reconhece o sabor maligno. Esse crente talvez não possua a habilidade natural para mostrar um erro doutrinário ou apontar o motivo dos erros de outras pessoas, mas possui esse sentido interior bem desenvolvido mediante o qual ele sabe que há algo errado na doutrina e na prática. Esse é o significado do nariz. E a expressão "como a torre do Líbano voltada para Damasco" significa que se trata de

194

um sentido importante e aguçado, com o poder especial de discriminação na área relacionada à fragrância e ao propósito de Deus. O problema de hoje em dia é que há muitos cristãos com "nariz deformado" — muitos mesmo.

Sua cabeça eleva-se
como o monte Carmelo. (v. 5a)

Carmelo foi o lugar onde Elias representou Deus na presença de Deus. Foi ali que Elias lutou contra todos os que pertenciam a Baal e demonstrou a vitória do Senhor sobre tudo o que era falso e maligno. Foi ali que as poderosas orações de Elias foram ouvidas e respondidas com fogo do céu. A comparação da cabeça da donzela com o monte Carmelo sugere, portanto, que a mente e o coração inteiros expressavam o conhecimento e o poder superiores das coisas celestiais, bem como a capacidade, como Elias possuía, de reconduzir os rebeldes a Deus.

Seus cabelos soltos
têm reflexos de púrpura;
o rei caiu prisioneiro das suas ondas. (v. 5.b)

O cabelo refere-se mais uma vez a uma extraordinária dedicação. Mas aqui vemos outro significado de dedicação, pois ela pode seduzir e aprisionar o Rei em suas ondas ou tranças. Significa que os crentes representados pela noiva se agarram ao Senhor com esse mesmo instrumento de submissão, para que seus pedidos não fiquem sem resposta. Nos estados anteriores de vida espiritual, tal poder não pôde ser concedido a ela pelo Senhor, mas agora foi possível porque ela havia sido totalmente libertada das motivações do interesse egoísta.

Quando a dedicação da donzela em termos de devoção e capacidade para obedecer chegaram à maturidade, e quando sua mente se encheu de pensamentos sobre a glória do Noivo e ela passou a entendê-la, seu cabelo adquiriu reflexos de púrpura. A púrpura representa autoridade real, claro. Esse versículo não pode ser interpretado como se o Rei estivesse preso à sua Noiva por um poder carnal para atender aos desejos dela, mas que ela o prendeu nessas afeições espirituais para cumprir completamente os desejos e promessa dele. A expressão constante de todo o ser da donzela poderia ser resumida assim: "Eu rogo a ti, Senhor, que aperfeiçoes teu plano e propósito em mim, e ajas de acordo com tua Palavra". Agora ela havia aprendido como exercitar a autoridade real sobre os outros, o que foi simbolizado em seu cabelo com reflexos de púrpura.

> Nesse ponto, o Senhor inicia o cântico.
> Como você é linda!
>   como você me agrada!
> Oh, o amor e suas delícias! (v. 6)

Nos versículos anteriores, foi o Espírito Santo quem falou por meio de um coro das mulheres de Jerusalém. O que o Espírito Santo havia falado a respeito da donzela foi exatamente o que se passava na mente do Senhor. O Senhor, portanto, poderia continuar a falar como se fosse ele quem estava cantando até então. Quando ouviu as palavras descritivas do Espírito Santo, até o versículo 5, o

Senhor entrou em ação de modo repentino e espontâneo, e ele próprio concordou expressamente com o Espírito Santo quanto às delícias espirituais que agora enriqueciam a vida da donzela.

> Seu porte[7] é como o da palmeira,
>   e os seus seios como cachos de frutos. (v. 7)

No início da experiência espiritual da donzela, não houve progresso nem maturidade e, portanto, nenhuma estatura espiritual para ser descrita. Mas agora o tempo da maturidade havia chegado, e assim o Senhor pôde falar a respeito de estatura. A palmeira, à qual ele comparou o porte ou estatura da donzela, é alta e reta. Em termos bíblicos, a palmeira representa o próprio Senhor. O fato de que sua noiva eleita era agora como uma palmeira significava que ela atingira "a medida da plenitude de Cristo" (Efésios 4.13). As raízes da palmeira permanecem em contato com uma fonte profunda de águas vivas. Embora estejam expostas ao calor do sol tropical, sua folhagem e frutos crescem sem obstáculos. Aprendemos, então, que, embora os crentes como essa noiva vivam em um mundo deserto e estejam sujeitos a severos sofrimentos e provações, há uma união oculta com Cristo que os faz florescer e produzir frutos sem se deixar levar pelas influências mundanas a que estão expostos.

"E os seus seios como cachos de frutos." Mais uma vez o Senhor se refere à capacidade ampliada da donzela de alimentar os outros. Os seios não são mencionados apenas como

---

[7] Ou "sua estatura" (*Bíblia King James*). [N. do E.]

expressão de amor, mas com o propósito de nutrir. Quando a donzela era ainda imatura, a expressão de amor era muito importante, mas havia pouca capacidade de nutrir os outros. Agora, quando ela chega à maturidade, esse aspecto da capacidade de alimentar os outros se manifesta de modo mais amplo. A atenção aos seios nessa parte concentra-se na questão de nutrir, motivo por que se assemelham a cachos de frutos capazes de suprir e satisfazer a fome dos outros.

> Eu disse: Subirei a palmeira
> e me apossarei dos seus frutos.
> Sejam os seus seios
> como os cachos da videira,
> o aroma da sua respiração como maçãs [ou *damascos*],
> e a sua boca como o melhor vinho. (v. 8,9a).

Essas palavras parecem sugerir que o Senhor tinha algo do qual se apossar na donzela madura porque ela havia chegado à estatura plena. O Senhor propõe ter comunhão com os crentes, e no texto em pauta ele parece estar em busca de pessoas como a Amada em vez de ser buscado por ela. Ao ver tal estatura espiritual e ao ver vida e força nos ramos da Amada, por assim dizer, ele tinha algo do qual tomar posse visando à comunhão. Que contraste há com a fase anterior quando ela disse: "Tenho prazer em sentar-me à sua sombra" (2.3). Aqui o Senhor menciona três aspectos da vida madura da donzela, que o satisfaziam em particular.

Primeiro, a capacidade dela de alimentar os outros. "Sejam os seus seios como os cachos da videira." As palavras do Senhor a respeito dos seios dela foram palavras de bênção

Amor transformador

e expressaram a esperança de aumento, para que essa capacidade fosse maior.

Segundo, o órgão sensor bem desenvolvido do olfato da donzela. "O aroma da sua respiração como maçãs [ou *damascos*]." A atenção não é muito direcionada a um órgão específico, mas ao fato de que o aroma perfumado exala agora de todo o ser da donzela graças aos seus contatos e experiências anteriores com ele. É preciso comer um damasco para conhecer a suavidade do aroma. Sabemos que na Escritura a maçã [ou *damasco*] aponta para Cristo; e a donzela, por ter participado de Cristo, agora exala a fragrância da vida dele.

Terceiro, o paladar sensível e discriminatório da donzela. "E a sua boca como o melhor vinho." Significa que ela havia provado a era que há de vir (v. Hebreus 6.5). O melhor vinho é o milênio que há de vir, como lemos em João 2.10: "Mas você guardou o melhor [vinho] até agora" — o vinho da era milenar; e também em Mateus 26.29: " 'Eu digo que, de agora em diante, não beberei deste fruto da videira até aquele dia em que beberei o vinho novo com vocês no Reino de meu Pai". Agora a noiva tinha capacidade de dar ao Senhor uma amostra do que o milênio significará para ele.

Trabalho em parceria com o Senhor (7.9b-13)

Quando o Senhor chega a esse ponto de sua narrativa, a noiva, por estar em união perfeita com ele, interrompe-o e diz:

> [...] vinho que flui suavemente para o meu amado,
> escorrendo suavemente sobre os lábios (v. 9b).

CÂNTICO DOS CÂNTICOS

Isso implica que ela e o Amado, juntos, haviam provado um pouco da felicidade da glória milenar.

de quem já vai adormecendo. (v. 9c)

Apreciando o repouso do sono havia muitos outros que possuíam paladar nobre como a noiva pelas coisas espirituais. E o fato de estarem "adormecendo", como no caso do "sono" da donzela em 5.2, não significa nada maligno nem fora de ordem. Todos os que dormem são um com o Senhor e estão na categoria de crentes, porque o sono aqui se refere a todos os que encontraram no Senhor o descanso do pecado e do eu. E aponta para todos os que perderam afinidade com a própria vida almática, mas encontraram descanso e vida no Senhor.

Eu pertenço ao meu amado,
e ele me deseja. (v.10)

A atenção dela se concentra agora em saber o que proporciona satisfação ao Amado. Nesse ponto, ela havia renunciado totalmente ao direito de viver só para si e a buscar interesses egoístas. Supondo que o Amado não sentisse desejo no coração de possuí-la, agora ela estava disposta a perdê-lo, caso tal sacrifício fosse agradável a ele. Sua principal preocupação era: "O que o meu amado deseja?". O coração da donzela foi completamente entregue a ele, e essa afeição espiritual pelo Senhor alegra seu coração por inteiro. A ideia de tomar posse dele de maneira carnal para satisfação pessoal desapareceu completamente.

200

Amor transformador

No entanto, nos primeiros estágios da vida da donzela com ele, o principal pensamento era "O meu amado é meu", deixando em segundo lugar "e eu sou dele". Nessa ordem de pensamentos, havia um senso de possessão para seu prazer pessoal. E, apesar de ter feito uma pequena retificação mais tarde, ela não havia sido completamente liberta do pensamento de tê-lo como uma possessão especial. Mas agora, depois de exercícios profundos de várias tratativas e disciplinas, não mais ouvimos esta observação de vanglória nos lábios dela: "O meu amado é meu". Ao contrário, a expressão principal é: "Eu pertenço ao meu amado". Na busca por progresso espiritual, é comum o crente trabalhar para obter ganho pessoal. Quem entre os crentes consegue alcançar o estágio no qual, em sua devoção a Cristo, não mais suspeita da existência de um segredo oculto de desejar satisfazer o próprio ego?

O assunto não gira mais em torno do prazer pessoal da noiva, mas do desejo pessoal do Amado. Ela percebe que agora vive somente para o prazer pessoal dele, para ser desejada por ele, sem jamais se impor a ele. Viver dessa forma para ser desejável ao Senhor é o maior propósito da vida do crente. A pergunta não é como me sinto, o que vou ganhar ou que serviço posso prestar, mas se, como crente, sou desejável a ele. A capacidade de dizer "ele me deseja" é definitivamente a experiência mais encantadora e gratificante de todas.

Somente quando a Amada chegou a essa posição, conseguida apenas quando cada forma de autorrevelação foi ajustada com uma medida ilimitada de tratativas do Senhor com ela, foi que ela ficou pronta para trabalhar em parceria com o Noivo Amado. Agora, depois de estar cheia da

CÂNTICO DOS CÂNTICOS

plenitude do Espírito, ela foi capaz de iniciar uma obra em favor dele. Pelo menos externamente, parecia que ela estava dando início a algum movimento, mas na realidade era o Espírito do Senhor dentro dela que a movia e a motivava para essa atividade. A união com Cristo era tão completa que agora as obras dela tinham a inspiração e a certeza do caráter divino. Ela pôde, portanto, dizer estas palavras:

> Venha, meu amado,
> vamos fugir para o campo (v. 11a).

Nessa fuga para o trabalho, ela não estava agindo sozinha, nem o Senhor estava seguindo um caminho individualista sem ela. Estavam andando juntos para trabalhar. De agora em diante, é possível perceber uma união em seu trabalho árduo para Deus. E, por ter sido liberta de todas as motivações egoístas, a noiva é também liberta daquela mesquinhez na qual o "eu" sempre se esconde. Ela não mais se interessa por "minhas reuniões", "meu trabalho", minha igreja", "minha comunidade", mas pelo campo vasto e total dos interesses do Senhor no mundo. Ela possui visão global, sim, uma visão que chega a transcender o mundo todo e todas as coisas que pertencem ao mundo. Para ela, não existe mais nenhum trabalho que se chame seu trabalho, nem há nenhuma área particular que seja sua esfera de ação especial. O campo inteiro dos interesses do Senhor tornou-se seu alvo de serviço, e ela forma uma unidade com ele em tudo isso. Agora sua mente se ocupa com todo o campo de operação dele.

> Passemos a noite nos povoados. (v. 11b)

Amor transformador

A palavra "povoados", como observamos, está no plural. Com seu Senhor, ela tem agora a natureza de um peregrino no mundo. Não é um lar fixo que ela procura, porque entende que sua vida com ele é uma jornada de peregrinos. Essa peregrinação não pode se estabelecer em um local de moradia na terra; portanto, ela passa com ele de povoado em povoado. E, ao viajar com ele, ela o acompanha em sua busca por ovelhas perdidas ou gravemente feridas. E, assim, vemos que ao trabalhar em parceria com o Senhor, não temos apenas uma visão total do mundo dos interesses dele, mas precisamos preservar constantemente a realidade e o caráter de um peregrino.

> Vamos cedo para as vinhas
> para ver se as videiras brotaram. (v. 12a)

Aqui ela não atrai a atenção para sua vinha pessoal, mas para uma pluralidade de vinhas além dela própria. Sua preocupação e responsabilidade abrangem agora muitas obras do Senhor. No início de um serviço para o Senhor, os crentes precisam aprender a não cair na tentação de trabalhar em muitas vinhas, mas cultivar a própria vinha. Lembre-se do lamento da Amada quando ainda era imatura: "Fizeram-me tomar conta das vinhas; da minha própria vinha, porém, não pude cuidar" (1.6). Agora, porém, ela adquirira maturidade espiritual cuidando do solo de sua vida e dando atenção ao seu desenvolvimento.

Tendo sido liberta de todas as motivações egoístas ao realizar obras para o Senhor, agora ela é capaz de cuidar de muitas vinhas. A obra toda do Senhor passou a ser de

CÂNTICO DOS CÂNTICOS

responsabilidade dela, não meramente uma obra específica que lhe foi confiada. Qualquer coisa, portanto, feita para ele em uma vinha contém um pouco de preocupação dela para que se desenvolva a contento. Eu não diria que ela perdeu seu toque individual em algum trabalho específico. Ao contrário, diria que ela passou a ter um senso de responsabilidade coletiva com todos os servos do Senhor para sua obra em muitas vinhas. Isso é algo que só pode ser dito a alguém que já aprendeu a cuidar da própria vinha e a cultivá-la.

"Vamos cedo para as vinhas." Essas palavras indicam o caráter diligente da donzela. Na obra do Senhor, os exercícios matinais são muito importantes. A preguiça não é característica da vida espiritual, e somente o homem verdadeiramente espiritual pode ser diligente e esforçado diante do Senhor. Há algumas formas de atividade que surgem da vida natural, as quais não devem ser confundidas com exercícios espirituais. Há também trabalhos que se originam do princípio do interesse próprio, que são inaceitáveis ao Senhor. É preciso resistir com firmeza a toda forma de atividade carnal, seja uma agitação extrema por simples impulso natural e dinâmico, seja uma forma mais passiva que resulta em preguiça e falta de responsabilidade. Seja como for, essas obras da carne precisam ser deixadas de lado. A diferença entre diligência de caráter espiritual e ociosidade espiritual está no uso do tempo. Temos de remir o tempo porque os dias são maus, e essa é a ordem do apóstolo em Efésios 5.16.

> A Amada agora desce com o Amado às vinhas
> para ver se as videiras brotaram,
> se suas flores se abriram
> e se as romãs estão em flor (v. 12b).

Amor transformador

A atenção de ambos estava concentrada no fenômeno da vida enquanto procuravam sinais de frutos. Depois de livrar-se da autoconsideração, a mente da donzela estava atraída com interesse e preocupação por toda a obra do Senhor e pelo desenvolvimento da vida em cada crente, à medida que ela caminha com o Senhor. Até o menor traço de vida nas plantas mais novas e tenras atraía seu interesse. A pergunta mais importante na mente daqueles que são representados pela noiva não é quem será o líder ou se os crentes pertencem a um grupo específico, mas *como levar Cristo ao seu povo*. Esse tipo de trabalho em conjunto só ocorre depois de uma união completa com o Senhor.

Ali eu lhe darei o meu amor. (v. 12c)

E o que, perguntamos, o "ali" significa? A palavra indica a extensão total dos interesses do Senhor nos campos, nos povoados e nas vinhas. É uma visão de todo o amplo domínio da obra do Senhor no mundo. É nessa área que agora ela é capaz de dar-lhe seus amores. É capaz de manifestar seu amor a ele em sua obra. É nessa área que agora ela é capaz de mostrar-lhe seu amor. Que maravilha! Em tempos passados, o trabalho depreciava o amor que ela sentia. O serviço a sobrecarregava como fez com Marta e afastou-a daquela comunhão de amor que Maria desfrutou aos pés do Senhor. No início, além de evitar qualquer expressão total de devoção, sua experiência de serviço foi a causa do afastamento do Amado. Esses problemas eram fenômenos naturais de união incompleta. Mas, depois de entrar em um lugar de completa devoção, ela conseguiu unir o Senhor com o seu trabalho, unir o Senhor com o seu povo e promover um relacionamento harmonioso com o Senhor entre irmãos diferentes. É nessa área de serviço que agora ela pode expressar seu amor a Cristo e, acima de tudo, manifestar a obra dele nela. Por meio desse sublime serviço espiritual, agora ela podia dar-lhe seus amores. Nessas obras, ela não mais carregava sentimento de culpa que a deixava temerosa de que, de uma forma ou de outra, pudesse afastar-se do Senhor e perder a comunhão com ele.

As mandrágoras exalam o seu perfume. (v. 13a)

A mandrágora é uma planta afrodisíaca e, de acordo com Gênesis 30.14-16, significa a união mais íntima entre marido e mulher. Ao chegar a tal condição nessa fase de sua vida espiritual, o que ela poderia dizer senão que essa união com o Amado exalava todo tipo de perfume? Ela chegara ao mais alto grau de união de amor com ele.

E à nossa porta há todo tipo de frutos finos,
    secos e frescos,
que reservei para você, meu amado. (v. 13)

A porta indica o que estava bem próximo. Embora os interesses dela vagassem por muitos povoados e vinhas, ela não precisava percorrer longas distâncias para colher frutos. Fosse qual fosse sua vocação destinada pelo Senhor, havia frutos para serem colhidos ali mesmo.

Observamos também que sua atenção foi atraída para uma grande variedade de frutos. Antes de ser libertada de

Amor transformador

uma vida de autoconsideração, ela não conseguia notar frutos em nenhum crente, a não ser que possuíssem uma marca própria. Agora ela vê que há uma enorme variedade de bons frutos, não de uma só espécie. Havia também frutos secos e frescos. E ela possuía um espírito desenvolvido para saber a diferença entre o fruto seco e o fruto fresco. Diferentes crentes produzem diferentes tipos de fruto, e agora essa verdade se tornou muito clara para ela. O grupo dos que aceitam o Senhor Jesus é muito grande e, apesar de ser apenas um grupo, e esse grupo ser uma nova criação, nem todos produzem o mesmo fruto. O fruto do Espírito é múltiplo: "amor, alegria, paz, paciência, amabilidade, bondade, fidelidade, mansidão e domínio próprio" (Gálatas 5.22,23). A colheita total desses frutos destina-se ao louvor e glória do Senhor. E temos de nos lembrar também de que o fruto do serviço, assim como o fruto do caráter, não se destina à autoglorificação. Trabalhamos, de fato, em parceria com o Senhor, mas a glória da colheita pertence a ele.

208

Parte 5 (8.1-14)

Amor maduro

GEMIDO PARA LIBERTAR O CORPO (v. 1-4)

Essa última parte do Cântico começa com o desejo da noiva de libertar-se da escravidão e com o gemido da natureza física (v. 1-4). À medida que o crente passa a ter uma união mais profunda com Cristo, como no caso da Amada, há uma percepção cada vez maior de que a presença do homem exterior ou invólucro carnal impõe limitação ao espírito interior. O homem interior renova-se a cada dia, mas o homem exterior deteriora-se dia após dia. O corpo carnal corruptível é mantido durante seu período designado pelas renovações e refrigérios do Espírito Santo, mas precisa morrer. O poder de Deus é quase sempre demonstrado por meio da fraqueza do corpo carnal, contudo esse corpo carnal continua a ser um espinho no lado do espírito.

Assim, quando cresce em afeições espirituais e chega à maturidade, o crente se conscientiza de que a perfeição final continua restringida pelas atuais limitações da carne. Mesmo que o crente tenha produzido os primeiros frutos da vida ressurreta no homem interior, ele não está isento daquele gemido vindo de dentro e ecoado por toda a criação. "Sabemos que toda a natureza criada geme até agora, como em dores de parto. E não só isso, mas nós mesmos, que temos os primeiros frutos do Espírito, gememos interiormente, esperando ansiosamente nossa adoção como filhos, a redenção do nosso corpo." (Romanos 8.22,23.)

Durante o tempo em que vive na força da carne, o crente não se conscientiza da necessidade da redenção do corpo. Somente quando a união com Cristo se torna uma realidade mais completa é que o crente começa a distinguir a diferença entre o corpo exterior e o homem interior. Se não for um obstáculo, o corpo é, na melhor das hipóteses, uma fraqueza muito grande, e, quando chega a um estágio avançado de maturidade espiritual, a necessidade da redenção do corpo passa a ser uma fase muito importante da graça.

Ah, quem dera você fosse meu irmão,
    amamentado nos seios de minha mãe!
Então, se eu o encontrasse fora de casa,
    eu o beijaria,
e ninguém me desprezaria. (v. 1)

No antigo Israel, o beijo em público entre um homem e uma mulher, mesmo entre marido e esposa, era considerado violação dos padrões de decência. A única exceção era o beijo entre parentes consanguíneos, como irmão e irmã. Portanto, a donzela sentia-se restringida e incapaz de demonstrar adequadamente ao mundo a realidade do seu encanto e do seu amor profundo por ele. Na verdade, ela estava dizendo:

Amor maduro

"Ah, como eu gostaria que fosses meu irmão! Como eu gostaria que houvesse uma manifestação plena da unidade completa de nosso relacionamento em Deus, para que, quando eu reconhecesse e expressasse em público o meu amor por ti, meu amado, não fosse desprezada nem ridicularizada pelos outros como uma pessoa indiscretamente carinhosa.

"Embora este estado de existência aqui no corpo persista, estou muito consciente de minha incapacidade de ser para ti tudo o que eu gostaria de ser e que o desprezo dos outros restringe minhas afeições. No começo, meu único desejo era que me beijasses para que eu pudesse me gloriar em teu amor como minha possessão. Mas agora sou *eu* que desejo beijar-*te*. Eu expressaria continuamente meu amor por ti e procuraria satisfazer teu coração com o meu amor. O principal obstáculo para essa completa expressão de minhas afeições é minha ligação com este mundo. Enquanto permanecer neste corpo, a total manifestação da unidade completa da natureza, como a de um irmão, não pode ser realizada ainda. Tenho a convicção, portanto, de que não sirvo a ti como deveria."

Eu o conduziria
    e o traria à casa de minha mãe
    e você me ensinaria.
Eu lhe daria vinho aromatizado
    para beber,
o néctar das minhas romãs. (v. 2)

Ela continua mais ou menos assim:

"Quando aquele dia de liberdade completa chegar, será extremamente necessário, meu amado, conduzir-te àquela

Jerusalém do alto, a mãe de todos nós (o sistema da graça, como consta em Gálatas 4.26), para que eu aprenda a expressar perfeitamente a grande doutrina da graça. Saberei então que nada se deve à carne, nada mesmo.

"Preciso receber a libertação final, portanto, deste corpo carnal, para que nem mesmo esta carne não glorificada faça parte de meu louvor. Então todo o fruto espiritual que minha vida produziu será transformado em vinho aromatizado para encher de deleite a tua taça. O fruto espiritual dado por ti não terá nem um pingo da glória carnal, nem haverá coisa alguma, por menor que seja, para minha satisfação pessoal. Todas as romãs de hoje, repletas de sementes, serão transformadas em um vinho doce e aromatizado para satisfazer teu coração. Quando eu me libertar dos últimos vestígios da carne, oferecerei a ti tudo de mim, e tudo será para o teu deleite por toda a eternidade."

O seu braço esquerdo esteja debaixo
    da minha cabeça
e o seu braço direito me abrace. (v. 3)

Aqui ela está dizendo:

"Naquele dia abençoado da libertação final das limitações terrenas, estarei em teu abraço total. O teu braço esquerdo estará debaixo da minha cabeça segurando-a com firmeza para eu olhar constantemente para tua face. O braço direito me abraçará com amor para que eu seja capaz de contemplar o teu rosto frente a frente, encostada ao teu peito e ao teu coração. Um dia como esse, meu amado, é o desejo do meu coração. Ah, que ele chegue logo".

Mulheres de Jerusalém, eu as faço jurar:

Amor maduro

Não despertem nem incomodem o amor
enquanto ele não o quiser. (v. 4)

A noiva virgem habita agora na esperança da volta do
seu Senhor e de logo ser levada com ele para sempre. Seus
sentimentos estão estáticos, e agora são legítimos e corretos
por causa de suas afeições plenas e maduras. Trata-se de um
estado de feliz expectativa e fruto de seu longo exercício
espiritual. Ela não queria a perturbação de outras pessoas
nessa feliz expectativa nem a interferência de mãos humanas
estendidas, para que a sua vida espiritual não fosse inter-
rompida novamente enquanto ela não subisse até a gloriosa
presença do Senhor.

Preparação para a segunda vinda (v. 5-14)

Finalmente, nós a vemos um pouco antes do arrebatamento nos versículos 5-14.

Quem vem subindo do deserto
apoiada em seu amado?
Debaixo da macieira eu o despertei;
ali esteve a sua mãe em trabalho de parto,
ali sofreu as dores aquela que o deu à luz. (v. 5)

O Cântico menciona duas vezes que a donzela vem
subindo do deserto. A primeira referência em 3.6 foi no início de sua união com o Senhor. A seguir, houve uma renúncia
dela própria pelo Senhor. Depois veio o desejo de viver inteiramente na vida do Senhor. Por fim, ela passa a habitar em
todas as bênçãos da graça concedidas pelo Senhor.

CÂNTICO DOS CÂNTICOS

Desse ponto em diante, ela fez um progresso constante e considerável, e começou a deixar para trás aquela vida espiritual pobre, representada pela figura de um deserto. Ao sair dessa vida de deserto, houve ocasiões em que seus passos pararam ou vacilaram por um pouco de tempo. Não queremos dizer que essas hesitações foram necessárias ou inevitáveis, mas ousaríamos dizer que foram perdoáveis. Em seguida, sua vida de perambulação espiritual foi abandonada para sempre por causa de sua união profunda e vital com o Amado. Ela deu um passo à frente com o Senhor em todos os seus caminhos. Agora precisamos perguntar por que o Espírito faz menção mais de uma vez de que ela vem subindo do deserto. Parece, à primeira vista, que toda a sua história intermediária ocorreu enquanto ela ainda se encontrava em um deserto espiritual.

É muito importante, portanto, prestar atenção para entender o que esse deserto significa. Bem sabemos por experiência que um de nossos desertos é ter uma vida marcada por pobreza e perambulação espirituais. O outro é o mundo no qual encontramos tantas provações e disciplinas. Um encontra-se na esfera do espírito; o outro, no mundo físico, com pressões procedentes de muitas áreas.

Ao nos libertar do deserto da perambulação espiritual interior, podemos também nos libertar do poder e das pressões externas do mundo ao nosso redor porque, quando o Espírito Santo assume controle completo sobre nós com sua presença em nosso interior, ocorre a libertação não apenas do deserto interior, mas também do deserto exterior. É a cruz de Cristo que nos liberta do deserto espiritual, e é o chamado de sua volta que nos liberta da perambulação, e

214

Amor maduro

das garras, do mundo atual, porque a promessa de sua volta nos convida a ficar de prontidão.

O Espírito Santo emprega novamente o método da interrogação por meio de terceiros, talvez um dos parentes da donzela. "Quem vem subindo do deserto?" E nos apresenta uma descrição da donzela subindo do deserto, apoiando-se cada vez com mais força no Amado. Na subida, a figura dela torna-se mais clara e mais nítida. A pergunta que ele faz é: "Quem é ela?". A pergunta tem a finalidade de provocar uma resposta muito clara do Amado.

Uma coisa é clara nessa descrição, ou seja, o chamado e a influência da volta dele estendem-se por um período de tempo. É esse chamado que anima a Amada a deixar o mundo para trás e a caminhar passo a passo com o Senhor. Vemos, portanto, que a revelação e a realidade da volta de Cristo na vida do crente começam quando alguém é afastado do mundo e, sob a compulsão de um destino celestial, deixa-o para trás. O rosto é, então, virado em direção a um objetivo celestial; e as costas, viradas para o mundo. A donzela não pertence ao mundo, mas afasta-se de todos os seus apelos para ter uma comunhão mais íntima, mais estreita com o Senhor. Foi essa a preparação de Enoque para ser trasladado ao céu. Não podemos jamais imaginar que o evento súbito da volta do Senhor e nossa trasladação surtirão uma mudança súbita em nossa condição espiritual. É a adequação espiritual que nos prepara para sua volta, o que exige uma caminhada próxima com o Senhor.

Portando, o tempo de preparação é hoje, e a melhor preparação é a que vemos na donzela quando ela se afasta cada vez mais do mundo e se apoia cada vez mais no Amado. Ela reconhece que, em si mesma, não possui nenhuma força e que necessita do apoio dele para essa caminhada. "Apoiada em seu amado" também sugere que a donzela é um fardo a ser carregado, mas ela encontra apoio e descanso nos ombros fortes do Amado. Ela está "apoiada em seu amado" como se, à semelhança de Jacó, a articulação de sua coxa (sua força natural) houvesse sido deslocada e não mais existisse uma coluna na qual se sustentar. "Apoiada em seu amado" também sugere que ela não consegue encontrar seu caminho ao sair do mundo do deserto e precisa apegar-se ao Amado. De fato, somente o Senhor é capaz de conduzir o crente a estar pronto para a redenção final, de modo que "a vida de confiança seja imprescindível" na preparação para o grande evento. Com uma sensação de completo desamparo em nós, precisamos nos apoiar constantemente no Senhor Jesus até que esta pergunta seja feita com um verdadeiro senso de espanto: "Quem vem [...] apoiada em seu amado?".

A pergunta apresenta uma clara descrição da donzela feita pelo Amado. "Debaixo da macieira eu o despertei; ali esteve a sua mãe em trabalho de parto, ali sofreu as dores aquela que o deu à luz." Ela não passa de uma pecadora buscada pela graça, descoberta pela graça e salva pela graça. E essa graça, "a Jerusalém que está lá no alto [...] e é a nossa mãe" (Gálatas 4.26, *Bíblia King James*), inclui o plano eterno e a divina eleição do Pai, a completa obra redentora de seu Filho eterno e os processos de santificação de seu Santo Espírito. Graça é a obra completa do Deus trino, conforme registrado em sua Santa Palavra. Quando essa graça busca o pecador, ele é colocado sob a sombra do

Amor maduro

Salvador, que confirma seu amor e luta por aquele pecador até que a vida lhe seja dada e que ele acorde para a realidade do amor de Cristo.

A macieira mencionada no texto, a mesma que consta em 2.3, é uma figura de Cristo na plenitude de seu amor. Quando os olhos da donzela se abriram pela primeira vez, viram que "ele é mui desejável",[8] e a primeira coisa que ela descobriu foi que há sustentação e segurança na sombra de seu amor. Ao descobri-lo como "uma macieira entre as árvores da floresta",[9] ela encontrou o seu verdadeiro "eu" e chegou ao zênite espiritual. Ser lembrada pelo Amado de sua origem na graça fez muito bem à donzela e lhe foi muito proveitoso. Ela estava totalmente agradecida a ele e à sua graça.

> Coloque-me como um selo sobre
>   o seu coração;
> como um selo sobre o seu braço;
> pois o amor é tão forte quanto a morte,
> e o ciúme é tão inflexível
>   quanto a sepultura.
> Suas brasas são fogo ardente,
>   são labaredas do Senhor. (v. 6)

Depois de ser lembrada de sua verdadeira origem, ela não pôde deixar de nutrir sentimentos profundos de humildade. Estava consciente de sua insignificância, da inutilidade de seus esforços, de suas aspirações indignas e da busca sem recompensa de sua parte por qualquer coisa de valor. Agora

---

[8] 5.16a. [N. do T.]

[9] 2.3a. [N. do T.]

toda a sua esperança concentrava-se no Senhor, porque, se quisesse permanecer firme até o fim, certamente não seria por sua persistência, mas pelo poder do Senhor que a mantinha e a sustentava. Nem mesmo toda a edificação espiritual dos outros bastaria para um progresso persistente, a não ser a graça e o poder constantes do Senhor.

Ao perceber essa verdade, ela agora precisava dizer: "Coloque-me como um selo sobre o seu coração; como um selo sobre o seu braço". O "coração" é onde o amor se assenta, e o "braço" é onde a força se encontra. Ela estava pedindo ao Senhor que lhe desse um lugar permanente em seu coração e a tornasse consciente de sua firme segurança. Na verdade, ela estava dizendo:

> "Assim como os sacerdotes do passado carregavam os nomes das tribos de Israel no peitoral sobre as ombreiras, eu te suplico, segura-me junto ao teu coração e sustenta-me com a força de teu braço. Conheço minha fragilidade e minha tendência à vaidade. Estou consciente de minha debilidade.
>
> "Ó Senhor, se eu tentar me guardar até ver o teu rosto, isso apenas envergonhará o teu nome e me trará perda e fracasso. Toda a minha esperança para prosseguir depende de teu amor e poder. No passado, professei amor a ti, mas esse amor provou ser pouco confiável. Agora olho somente para ti. Em uma ocasião, segurei firme a tua mão (3.4) e, apesar de meu aperto ser naturalmente firme, como foi fraco para segurar-te! Minha força era completamente fraca; portanto, hoje minha confiança não mais se apoia em minha força. Teu amor e poder precisam segurar-me para sempre. Não ouso mais mencionar meu amor por ti, mas apenas o teu amor por mim".

Amor maduro

"Pois o amor é tão forte como a morte", e quem é capaz de soltar as amarras da morte? Os suspiros dos pais, as lágrimas de uma esposa, a tristeza dos amigos — nada disso é capaz de vencer a força da morte. A morte observa suas vítimas e as mantém em uma fraqueza inabalável e imóvel.

"Se tu me amares, estarei firme para sempre, porque teu amor nunca será enfraquecido pela morte, e nunca poderás perder teu controle sobre mim. Uma vez que me amas, o teu ciúme santo me seguirá com firmeza, pois 'o ciúme é tão inflexível quanto a sepultura'. Se me castigares, será para guardar todo o meu amor, pois não permitirias que nada afaste o meu coração de ti. Quanto mais tiveres de mim, mais forte será o teu poder sobre mim, pois jamais me abandonarás. Teus olhos não permitirão que tua amada seja manchada pelo mundo ou levada por outro amor.

"Assim, sou totalmente tua; então sentirias ciúme de mim, pois desde os tempos antigos és um Deus ciumento (v. Êxodo 20.5, *Bíblia King James*). Sim, não foram os teus apóstolos abençoados que nos instruíram a sentir ciúme divino quando Paulo disse: 'Porque tenho ciúme sobre vós com ciúme divino' (2Coríntios 11.2, *Bíblia King James*)?. Se és ciumento, então o que em mim será capaz de resistir ao teu ciúme? Destruirás todos os teus inimigos e removerás todo impedimento para nossa união de amor até que sejas o Senhor supremo para mim e me possuas sem uma rival. Só então, meu amado, serei guardada por ti como uma noiva casta até ver-te face a face.

"O teu ciúme, Senhor, eu sei, é tão inflexível quanto a sepultura. E o que poderia ser mais inflexível? Quando se apossa da criatura mais amada, ou mais preciosa, ou mais difícil de nos separar dela, a sepultura não se deixa abalar por nenhum apelo das pessoas ao seu lado, que alegam que a criatura que ali está é amada, preciosa ou difícil de se separar dela. Lágrimas jamais comovem a sepultura. Não há tristeza nem súplica capazes de mudar sua intenção. A sepultura não admite nenhuma companhia, nenhuma piedade, nenhuma compaixão, nenhum sentimento. A sepultura é, em certo sentido, cruel. E se eu me oferecer a ti como uma noiva casta para ser tua, e somente tua, e se não encontrares em mim aquele amor que provoca em ti um ciúme santo, então guardarás o meu amor, embora ele possa ter de deixar de lado e desconsiderar a persuasão de pessoas amadas, ou da súplica dos amigos, ou das lágrimas de alguns queridos. Mas somente pela tua proteção ciumenta estarei segura.

" 'Suas brasas são fogo ardente, são labaredas do Senhor'. Tu és, meu Senhor Jeová, fogo consumidor (v. Hebreus 12.29). Teu amor por mim e teu ciúme de mim são como fogo ardente ou como uma faísca de fogo que queima tudo o que é insignificante e inflamável, tudo o que é relativo ao tempo e corruptível, tudo o que é do mundo e é mortal e temporário."

Nem muitas águas conseguem
    apagar o amor;
os rios não conseguem levá-lo
    na correnteza.
Se alguém oferecesse todas as riquezas
    da sua casa para adquirir o amor,
seria totalmente desprezado. (v. 7)

"Teu amor, Senhor, com sua chama de fogo divino, não pode ser apagado pelas 'muitas águas' das provações e sofrimentos, nem ser levado pela correnteza dos 'rios' que provém de um inimigo perseguidor. Nem tentações nem

Amor maduro

perseguições podem impedir teu amor por mim. Um amor como o teu não pode ser comprado nem possui substituto. "Nem a língua dos homens ou dos anjos tem algum valor se estiver afastada de teu amor. Nem o dom da profecia, nem o conhecimento de todos os mistérios, nem a aquisição de todo o entendimento, nem a possessão de toda a fé serão suficientes para trocar o teu amor. Embora eu possa doar tudo o que possuo para alimentar os pobres e entregar o meu corpo para ser queimado, tudo isso será completamente desprezado como substituto de teu amor. Tais coisas são comparáveis apenas aos tesouros de uma casa, mas não podem ser comparadas à realidade do teu grande amor nem trocadas por ele. Assim, ó meu Senhor, não busco conquistar teu amor por te servir mais ou por passar mais tempo em teu serviço ou até por mais dedicação. Posso apenas me oferecer como sacrifício vivo a ti que me amaste primeiro e, assim, me oferecer como alguém que deve ser amado por ti."

Temos uma irmãzinha;
seus seios ainda não estão crescidos.
Que faremos com nossa irmã
   no dia em que for pedida
    em casamento? (v. 8)

Vemos, então, nessa noiva alguém que permanece totalmente no amor de Cristo. Ela não podia deixar de lembrar o fato de que havia outras pessoas que gostariam de desfrutar esse amor. Antes de chegar à presença real do Senhor e contemplar seu rosto, a donzela se preocupava grandemente com a imaturidade dos outros crentes. Agora, na presença dele, ela menciona sua "irmãzinha", referindo-se àqueles crentes em quem há um pouco de vida, mas muita imaturidade na fé e no amor pelo Senhor. Graças à sua completa união com o Senhor, agora ela é capaz de derramar sua preocupação diretamente nele a respeito desse assunto. "Que faremos", ela pergunta com o coração oprimido, "com nossa irmã no dia em que for pedida em casamento?"

Essa irmã imatura passara a ver na noiva o exemplo de uma vida verdadeira de amor. E sua esperança era de que o Amado Eterno, por meio da energia e obra do Espírito Santo, a conduziria ao mesmo tipo de união e comunhão de amor. Diante desse desejo, o que poderia ser feito por ela? Se considerarmos a dimensão de sua vida e seu desenvolvimento espiritual, ela não passava de uma irmãzinha. O fato de seus seios ainda não estarem crescidos indicava falta de maturidade em estatura e afeições espirituais. Esse tipo de crente exige preocupação amorosa da parte dos mais maduros, pois nenhum estado subdesenvolvido de amor espiritual é capaz de proporcionar satisfação ao Senhor. Na vida de todo crente, há um dia em que o Senhor fala com ele e lhe faz um apelo. Atender ou não a esse apelo fica a critério da liberdade de escolha. Não há, porém, nenhuma exceção à regra que o Senhor exige de total crescimento de amor e fé em cada crente. Surge, portanto, a pergunta: como podemos ajudar nossa irmãzinha e solucionar essa falta de crescimento?

E, preocupada com a imaturidade dos outros, a noiva conversa intimamente com o Amado a respeito do assunto. Pelo fato de estar dentro da vontade de Deus, ela pode empregar o verbo no plural. Sua preocupação

Amor maduro

estava agora tão unida com a mente do Senhor que ela podia dizer "faremos". O que ela desejava que o Senhor fizesse era exatamente o que ele queria fazer, portanto disse: "Que faremos [...]". A união e harmonia com o Amado era tão completa que sua oração não era mais um pedido, mas uma expressão de qual era a vontade de Deus para sua irmãzinha. Esse desejo da noiva pelos crentes em fase de crescimento não era totalmente motivado por interesses egoístas nem era o exercício de um espírito condescendente. Era a expressão pura do que significava o desejo tanto do Amado quanto dela — e a resposta do Amado mostra que assim era:

> Se ela for um muro,
>   construiremos sobre ela
>   uma torre de prata.
> Se ela for uma porta,
>   nós a reforçaremos com tábuas de cedro (v. 9).

Se há nela algo que seja verdadeiramente de Deus e, portanto, algo que a torne diferente e separada de tudo o que não é de Deus, como o muro sugere, é sinal de que há um terreno sobre o qual pode ser construída "uma torre de prata". Sobre a vida dela pode ser construído tudo o que procede da redenção e tudo o que é alto e nobre. Se ela está tendo mesmo uma vida separada para Deus por meio da presença e do poder do Espírito Santo, então essa vida pode ser construída com os frutos da redenção.

"Se ela for uma porta", isto é, se ela for mesmo uma testemunha para que outras pessoas possam ter acesso, por seu intermédio, ao verdadeiro conhecimento de Deus, então construiremos nela uma nova vida celestial de Cristo, cuja "aparência é como [...] os cedros" (5.15). "Reforçaremos", isto é, com a ajuda de seu exemplo (v. 1Coríntios 11.1). Ambos desejavam nada mais, nada menos, que o melhor para a irmãzinha.

> Eu sou um muro,
>   e meus seios são as suas torres.
> Assim me tornei aos olhos dele
>   como alguém que inspira paz. (v. 10)

Ela se vê como uma pessoa separada para o Senhor. Ele a havia tirado de tudo o que era impuro, mundano e vulgar. A observação dela aos próprios seios era uma confirmação de que sua fé e amor, sujeitos à separação do mundo para se desenvolverem, haviam chegado à completa maturidade. O Senhor consolidara a fé e o amor e os estabelecera fortemente nela. Essas virtudes não eram mais informes, mas cresceram alto como torres imponentes. Assim, a donzela era vista por ele como alguém que encontrou favor e paz. Tornou-se uma pessoa que começou a desfrutar a verdadeira vida de paz. Vemos, portanto, que essa separação é o alicerce da vida de paz e que a paz verdadeira se origina da maturidade da fé e do amor. Esse testemunho dela foi dado com grande simplicidade e completamente livre de qualquer sombra de suficiência e satisfação dela própria. Ela poderia vangloriar-se de ter se tornado um muro tão forte ou de como seus seios se desenvolveram. Mas não! Ela faz meramente uma simples declaração de que agora, aos olhos do Amado, era alguém que encontrara favor.

Amor maduro

Salomão possuía uma vinha
em Baal-Hamom;
ele entregou a sua vinha a arrendatários.
Cada um devia trazer
pelos frutos da vinha
doze quilos de prata. (v. 11)

Aqui está uma faceta da verdade à qual o Espírito Santo dirigiria a atenção dos crentes antes da volta do Senhor. É a entrega das recompensas de acordo com a quantidade de trabalho. Salomão possuía uma vinha e entregou-a a arrendatários. A vinha de Salomão representa a obra completa do Senhor. Não é nosso trabalho, mas temos responsabilidades no campo como arrendatários ou administradores. Devemos estar sempre vigilantes aos interesses do Senhor. Quando ele voltar, tudo o que nos foi entregue continuará a ser dele.

"Baal-Hamom" significa "o Senhor de uma multidão". Salomão era isso. E o Senhor Jesus Cristo também, pois Salomão era um tipo de Cristo. Jesus Cristo é Senhor e Mestre de muitos servos. A lei de Salomão era que os frutos da vinha se destinavam aos arrendatários, a fim de que, de acordo com o trabalho de cada um, eles participassem dos frutos. Portanto, devemos arar, plantar, manter, podar e sustentar o solo e as plantas do Senhor, e em breve ele recompensará os arrendatários aumentando os frutos. O que é feito para o Senhor nunca é em vão. Até oferecer um copo de água fresca a alguém terá sua recompensa.

"Doze quilos de prata", no entanto, eram exigidos de cada arrendatário, e deviam ser levados ao rei. Para o Senhor, isso representa aumento. É um pouco diferente

CÂNTICO DOS CÂNTICOS

das parábolas de Mateus 25 e Lucas 19. Nas parábolas, o retorno exigido dos servos está relacionado ao número de talentos que lhes foram confiados. Os 12 quilos representam o que é devido ao Senhor e o que ele receberia se o crente trabalhasse com total fé e amor. Quando estivermos finalmente diante de Cristo em seu trono de julgamento, entenderemos que a porção mínima do Senhor é aquela que vem de uma vida cristã plena e madura.

> Quanto à minha própria vinha,
>   essa está em meu poder;
> os doze quilos de prata são para você,
>   ó Salomão,
> e dois quilos e meio são para os
>   que tomaram conta dos seus frutos. (v. 12)

Agora a donzela se separa da companhia de muitas pessoas. Não era mais uma arrendatária comum entre os muitos arrendatários da vinha de Salomão. Salomão lhe dera uma vinha para uso pessoal. Agora a vinha estava diante dela e lhe pertencia; podia fazer o que quisesse com a vinha (v. Gênesis 13.9). Cada arrendatário comum era obrigado a entregar a Salomão aquele volume, representado pelos 12 quilos. Por pura afeição, a donzela também atendeu à exigência. E a afeição do amor deveria dar menos do que a lei exige? Claro que não! Ela pagou com amor a sua dose de responsabilidade.

Nesse pensamento, reconhecemos duas formas de serviço. Uma é o trabalho debaixo da lei; a outra, a expressão de amor. Uma surge do medo; a outra, da apreciação. Uma brota do senso de dever; a outra, da pura alegria de servir ao Senhor. Agora que ela se encontrava em um nível

226

mais alto de vida espiritual e tinha um relacionamento mais próximo e mais íntimo com o Amado, seu serviço era totalmente diferente daquela multidão que servia ao Senhor. Muitos servem ao Senhor por dever. A Amada servia por amor, mas seu serviço nunca ficou abaixo do que era exigido por dever.

Não foi apenas Salomão que lucrou com aquele serviço, mas os que tomavam conta dos frutos também lucraram como empregados. Isto é, todos os trabalhadores que colaboraram de uma forma ou de outra para colher os frutos receberam algum crédito da parte dela. Ela não roubou deles o louvor que lhes era devido. Eles haviam trabalhado também; e de acordo com o que trabalharam, ela os honrou com o que lhes era devido por direito. Portanto, ela não usurpou a glória devida aos outros trabalhadores — algo a que todos os servos de Deus deveriam prestar atenção.

No entanto, no dia em que o Senhor vier para recompensar seus servos, ela será incluída entre os que tomaram conta dos frutos e receberá os 12 quilos de prata. A parte destinada aos arrendatários, de acordo com o versículo 11, eram apenas os frutos, não a prata. Mas aqui estava uma donzela que não comercializou sua recompensa e pagou de acordo com a lei ou com a quantidade de trabalho realizado. Ela recebeu além do que deveria receber em frutos. Ele acrescentou sua própria prata. Concedeu glória a ela. A pergunta de Cristo, no trono do julgamento, será, como nas parábolas de Mateus e Lucas, como usamos os talentos que nos foram confiados. Aqui, porém, o amor é trazido ao foco. Não é uma questão de cumprir nosso dever ou nossas obrigações. Na verdade, a questão de trabalho e recompensa não deveria ter sido mencionada aqui. Trata-se de outro assunto, não para este livro. O Espírito Santo chama a atenção para o nosso serviço não do ponto de vista da obrigação, mas do ponto de vista do amor, e isso está perfeitamente de acordo com a personagem do Cântico.

> Você, que habita nos jardins,
> os amigos desejam ouvi-la;
> deixe-me ouvir a sua voz! (v.13)

O plural "jardins" reconhece que o Senhor não habita exclusivamente no jardim da *donzela* (6.2). Ele habita em *muitos* jardins, pois ele é Senhor no coração de todo o seu povo. Ele não habita apenas onde as afeições espirituais chegaram à maturidade, mas em todos em quem ele se agrada. Portanto, um pensamento se destaca aqui: "Os companheiros estão atentos para ouvir a tua voz" (*Bíblia King James*).

Essa atitude implica a arte de ouvir. Há outras pessoas que assumiram uma atitude semelhante à dela ao ouvir a voz do Amado. Os outros haviam tido também um relacionamento com ele e aprendido bem a futilidade de falar demais. Aprenderam que era mais vantajoso ouvir. Depois de conhecer os ensinamentos do Senhor, agora eles eram rápidos para ouvir e lentos para falar. Eles e ela também não falavam demais como costumavam ao contar seu relacionamento e experiências com o Senhor. Agora eram diferentes daqueles que falavam por falar e daqueles que se ocupam de falar de banalidades porque sua atenção está voltada demais para assuntos terrenos.

Não é mais como antes. Agora eles assumem uma atitude de ouvir. Chegaram à conclusão de que seu crescimento

Amor maduro

na vida depende dos ensinamentos do Senhor, para que a prosperidade de seu trabalho repouse nas orientações pessoais do Senhor. Não devem movimentar-se de novo — na verdade, não podem movimentar-se — sem a voz do Senhor. Sem aquela voz sendo ouvida ali, não há revelação da vontade dele, não há luz no caminho, não há conhecimento dos caminhos dele. A vida inteira do crente depende do que ele ouve do Senhor. "Portanto, ó meu Senhor, enquanto aguardamos diante de ti com os ouvidos inclinados, faze-me ouvir a tua voz! Pois disseste: 'Peçam, e lhes será dado; busquem, e encontrarão; batam, e a porta lhes será aberta' (Mateus 7.7). Então, eu suplico, faze-me ouvir. Assim, eu ouvirei *de verdade*. Se tua Palavra vier com tons claros e vivos, que bem me fará se eu não ouvir? Faze-me, ó meu Senhor, ouvir a tua voz, porque só ela me conduzirá adiante até o dia de tua volta!" Vemos, então, que a Amada aprendeu bem as lições, de modo que ela encerra sua carreira espiritual proferindo esta oração profunda:

> Venha depressa, meu amado,
> e seja como uma gazela,
> ou como um cervo novo
> saltando sobre os montes
> cobertos de especiarias (v. 14).

O que ela diz aqui entre uma respiração e outra é idêntico ao seu pedido em 2.17, onde está registrada uma oração semelhante. Esses dois pedidos, no entanto, estão relacionados a dois incidentes muito diferentes. Até aqui, observamos a menção de dois desertos. Agora vemos a menção de dois retornos (2.17 e 8.14), como uma gazela ou um cervo jovem nas montanhas.

Poderíamos dizer que o primeiro pedido para a volta do Senhor em 2.17 refere-se a um retorno de confraternização, que ela havia perdido. Trevas encheram-lhe a alma naqueles dias por não ter recebido resposta. Então, ela clamou por uma comunhão restaurada, para que as sombras ao redor de sua vida desaparecessem, suplicando que ele fosse às colinas escarpadas [ou colinas *de Beter*; ou ainda *montes da separação*].

No versículo em pauta, o clamor urgente para ele vir depressa tem relação com a segunda vinda do Senhor, que se cumprirá no futuro, talvez em um futuro próximo. A ênfase aqui não está na comunhão restaurada, mas na volta dele, que apresentará os fenômenos de seu Reino. Não há mais menção das colinas escarpadas, mas dos montes cobertos de especiarias. Essa é uma figura de linguagem do novo mundo milenar de fragrância e beleza.

Nesse ponto, a experiência da donzela foi como uma gota d'água no oceano, misturando-se cada vez mais fundo com o amor de Cristo. Parece ter sobrado pouca coisa no âmbito da terra, a não ser o corpo físico da donzela. Os afetos de seu coração encontram-se em outro mundo. Não é de admirar, portanto, que ela grite com insistência: "Vem depressa, meu amado, e sê como uma gazela ou como um cervo novo saltando sobre os montes cobertos de especiarias, para que desças ao teu Reino glorioso. Apesar de meu amor por ti estar agora pleno e maduro, ainda há algo mais que só será satisfeito com a tua vinda. Então a fé será vista, e a oração será louvada para sempre. O amor atingirá seu clímax e se libertará das sombras da nuvem. E eu servirei e

Amor maduro

adorarei diante de ti sem pecado algum. Que dia maravilhoso será! Senhor Jesus, vem depressa! Vem rápido!".

Amém! Mesmo assim, vem, Senhor Jesus!

E, até aquele dia glorioso,

Que meu jardim produza fruto continuamente

Para alegrar *teu coração*.

Conheça outras obras do autor

TRANSFORMADOS À SUA IMAGEM

Transformação real e radical: você está pronto?

Transformados à sua imagem descreve essa transformação na vida de Abraão, Isaque e Jacó. Embora eles tivessem falhado repetidamente, Deus foi fiel em restaurá-los para que pudessem receber a sua bênção. E Deus sabe lidar com os nossos tropeços também.

Watchman Nee usa a vida dos patriarcas para nos mostrar que Deus é capaz de transformar nosso fracasso em sucesso e nossa fraqueza em força. Em vez de mudar as circunstâncias, o Senhor prefere transformar a nossa vida. Contudo, a providência de Deus diante do nosso fracasso é vista apenas quando nos rendemos a ele e permitimos ser transformados à sua imagem.

Deus não está esperando encontrar aqueles que naturalmente "nasceram bons" e que, portanto, não têm necessidade de lidar com eles. O Senhor sabe bem que eles não são encontrados. Ele escolhe pessoas comuns como você e eu, que desejam receber dele o dom da graça, e que também estão dispostas a se submeter à sua disciplina.

SENHOR, E AGORA?

Há lugar para você no ministério cristão

Watchman Nee nos encoraja ao afirmar que Deus chama pessoas de diversas origens e as equipa para tarefas distintas. Embora cada um de nós seja chamado para um propósito definido, nossos ministérios não estão em conflito, mas são complementares. "Progride-se espiritualmente descobrindo o que se é de fato", diz Nee, "não tentando se converter no que se espera ser".

> Deus não chama cada um dos seus servos para desempenhar tarefas idênticas, tampouco utiliza meios assim idênticos para sua preparação. Na condição de senhor de todos os procedimentos, Deus reserva para si o direito de usar formas particulares de disciplina ou treinamento, e às vezes a prova adicional do sofrimento, como meio para chegar a um fim.
>
> Watchman Nee

Nee usa aspectos da vida de três apóstolos para ilustrar elementos essenciais do ministério cristão:
- Pedro, pescador de homens — conduz ao caminho
- Paulo, professor das Escrituras — instrui na vida
- João, ancião da Igreja — discipula na verdade

Aprenda os segredos do ministério cristão de quem demonstrou fé inabalável mesmo estando sob perseguição.

O MENSAGEIRO DA CRUZ

"Porque decidi nada saber entre vós, senão a Jesus Cristo e este crucificado"
(1Coríntios 2.2)

No conselho da vontade de Deus, a cruz ocupa o centro. Isto porque somente por meio da cruz pode realizar-se o propósito eterno de Deus referente a seu Filho e à igreja.

Neste livro, Watchman Nee mostra-nos que a fonte de todas as coisas espirituais está ao pé da cruz. Para que Cristo seja tudo em todos, a cruz é o único meio eficaz!

AUTORIDADE ESPIRITUAL

"A maior exigência que Deus faz ao homem não é carregar a cruz, servir, ofertar ou negar a si mesmo, é a obediência."

O que é autoridade? O que é autoridade espiritual? Como comportar-se quando autoridades civis, ou mesmo eclesiásticas, estão em contradição com o que determina a Palavra de Deus?

Nas páginas deste livro você encontrará lições sábias, tiradas da própria Bíblia, que o ajudarão a solucionar muitos problemas relacionados com o importante tema da obediência à autoridade.

Esta obra foi composta em *Sabon LT Std*
e impressa por BMF Gráfica sobre papel
Offset 75 g/m² para Editora Vida.